Dieses Buch ist vieles in einem: eine Abhandlung über die Unsterblichkeit der Seele, eine Einführung in die moderne Hirnforschung und ein Abriss der Philosophiegeschichte von Plato bis Hegel und Steiner. Vor allem aber ist es auf hohem Niveau eine unterhaltsame Selbstbefragung in der Tradition des Sokratischen Dialogs zwischen zwei Seelen, der naturwissenschaftlichen und der philosophisch-spirituell geprägten Neigung, die sich in der Brust des Autors gefunden haben und miteinander streiten. Im Ergebnis öffnet sich für die alte Frage nach der Möglichkeit von individueller Reinkarnation (Wiedergeburt) ein überraschend neuer Horizont – nirgends anders als auf dem Gebiet der neurologisch basierten Kognitionsforschung.

AXEL ZIEMKE

IM NETZWERK
DER UNSTERBLICHKEIT

IST REINKARNATION MÖGLICH?

EIN BIOCHEMIKER UND EIN PHILOSOPH
IM SELBSTGESPRÄCH ÜBER GEHIRN,
BEWUSSTSEIN UND GEISTIGE WELTEN

EDITIONinfo3

1. Auflage 2007

Juni 2007
info3-Verlagsgesellschaft Brüll & Heisterkamp KG, Frankfurt am Main
Satz, Gestaltung und Umschlagfoto: Frank Schubert, Frankfurt am Main
Druck: Fuldaer Verlagsanstalt
Printed in Germany

ISBN: 978-3-924 391-36-2

www.info3.de

INHALT

A.M. und L.Z. wurden beide am 15. Dezember 1960 geboren, sind aber keineswegs Zwillinge. Ich glaube, dass sie ihre Kindheit recht einträchtig miteinander verbracht haben, auch wenn L.Z. zunächst wohl der Überlegenere der beiden war. Doch gerade er musste viele Tiefschläge erleiden: Der Veilchenstrauß für die Merseburger Oma, der nach zwei Stunden im heißen Auto verwelkt war. Die Mitteilung von Tante Erika, dass alle Menschen irgendwann einmal sterben. Oder auch die große Wiesenaufräumaktion mit Uwe Schmidt, als sie allen Müll von dem großen Rodelberg in eine Gartenecke des Nachbarn räumten – im festen Vertrauen darauf, eine wirklich gute Tat zu tun – und der Nachbar alles wieder wutentbrannt auf der Wiese verteilte. Hingegen wurde A.M. in der Schule viel besser gefördert als L.Z. Ich glaube, beide wollten als Kinder Tierarzt werden. Doch später interessierte sich A.M. mehr für Naturwissenschaften und L.Z. eher für Religion – was in der DDR nicht einfach war. A.M. hatte die besseren Noten, L.Z. mehr Erfolg bei den Mädchen. A.M. begann ein Studium der Biochemie. L.Z. las in den ersten Semesterferien Arthur Schopenhauer. Die erste Frau verliebte sich in L.Z. und war dann mit A.M. verheiratet. Vielleicht wurde die Ehe deshalb später geschieden. Vater von zwei wunderbaren Kindern, einem Sohn und einer Tochter, wurde wohl eher L.Z., auch wenn A.M., wie sollte es anders sein, besonders für den Sohn sehr wichtig war. A.M. war in seinem Studium durchaus erfolgreich, doch L.Z. begann wenig später ein Promotionsstudium der Philosophie. Beide arbeiteten danach zusammen in einem der Hirnforschung gewidmeten Graduiertenkolleg, versuchten eine Synthese ihrer Ansichten über Seele und Gehirn – bis L.Z. keinen Sinn mehr in der akademischen Enge des Universitätsbetriebs sah und wirklich leben wollte. Er wurde Philosophielehrer an einer Waldorfschule. A.M. durfte an der gleichen Schule Biologie und Chemie unterrichten. L.Z. interessierte sich für Steiner, A.M. hatte große Probleme mit der Anthroposophie. Beide fanden eine Frau, die das Kunststück fertig brachte, beide lieben zu können. Soweit ich zurückdenken kann, diskutieren die beiden miteinander. Lange Zeit waren es wirklich kraftraubende Streitgespräche. Inzwischen sind beide in reiferen Jahren und haben eine gewisse Kultur der Auseinandersetzung entwickelt. Das wohl wichtigste Thema dieser Diskussionen war das Verhältnis von Seele und Gehirn. Während A.M., fasziniert von dem Erkenntnisfortschritt der Neurowissenschaften, immer dazu neigte, das Seelenleben mehr oder minder vollständig aus der neuronalen Aktivität des Gehirns zu erklären, betonte L.Z. immer wieder die Eigennatur der menschlichen Seele. Manchmal nahmen die Gedankengänge der beiden arg theoretische Züge an.[1] Doch sie berührten auch ein Thema, das wohl jeden Menschen im tiefsten ergreift: Gibt es ein Weiterleben der Seele nach dem Tod? Eine Frage, die viele fernöstliche, aber auch europäische Lehren und Religionen konsequenterweise ausdehnen: Gibt es ein Leben der Seele schon vor Geburt und Zeugung? Gibt es Reinkarnation? Antworten zu diesen Fragen zu geben, die aus der Sicht der philosophischen Auseinandersetzung mit den modernen Neurowissenschaften möglich sind, hat sich dieses Büchlein vorgenommen. Eigentlich wollten A.M. und L.Z. es erst schreiben, wenn der eine den anderen von der Richtigkeit seiner Auffassungen überzeugt hätte. Doch dafür gibt es wohl nur noch wenig Hoffnung. Warum sollten sie dann nicht ein gemeinsames Buch veröffentlichen, das einen Eindruck ihrer Diskussionen vermittelt?

---

[1] Ziemke, A., System und Subjekt. Biosystemforschung und Radikaler Konstruktivismus im Lichte der Hegel'schen Logik, Braunschweig, Wiesbaden: Vieweg 1992, Ziemke, A., Was ist Wahrnehmung? Versuch einer Operationalisierung von Denkformen der Hegel'schen „Phänomenologie" für kognitionswissenschaftliche Forschung, Berlin: Duncker & Humblot 1994

PLATON
ODER
DIE REINKARNATION DER SEELE

L.Z.: „Ich war schon einmal ein junger Mann, eine junge Frau, ein Gebüsch, ein Vogel und der Fisch, der aus dem Wasser springt auf seiner Fahrt."

A.M.: Was liest du da?

L.Z.: Diogenes Laertios, Leben und Ansichten der berühmten Philosophen. Um 200 nach Christus.[2]

A.M.: Und welcher berühmte Philosoph hat das gesagt?

L.Z.: Pythagoras soll es gesagt haben, im sechsten Jahrhundert vor Christus. Ob der Wortlaut stimmt, weiß zwar niemand wirklich. Von ihm selbst sind keine Schriften überliefert. Aber es gibt auch andere antike Autoren, die ihm solche Ideen zuschreiben. Er soll seine früheren Existenzen gekannt und seine Schüler an die ihren erinnert haben.

A.M.: Das ist Reinkarnation, Wiedergeburt! Ich dachte, das kommt aus Indien?

L.Z.: Natürlich denken dabei die meisten Menschen zuerst an den Buddhismus und Hinduismus, in denen Reinkarnation eine große Rolle spielen. Alle Wesen, also auch die Tiere, sind nach Auffassung der Inder in einem ewigen Kreislauf von Leben, Sterben und Wiedergeburt verbunden. Bei ihnen beeinflussen frühere Existenzen die späteren – über das Karma, das Schicksalsgesetz. Aber die Idee der Reinkarnation ist auch tief in der europäischen Spiritualität verwurzelt. Es kann allerdings sein, dass sie tatsächlich ursprünglich aus Indien stammt. Herodot schreibt sie ursprünglich den Ägyptern zu, was wahrscheinlich falsch ist. Vielleicht stimmt aber die Himmelsrichtung. Pythagoras soll lange Zeit in Ägypten verbracht haben. Das würde auch passen.

A.M.: Lange scheint sich diese Idee in der Philosophie aber nicht

---

[2] Zitiert nach Mansfeld, Jaap, Die Vorsokratiker I, Stuttgart: Reclam 1995

gehalten zu haben.

L.Z.: Keineswegs. Du kannst all das noch in einigen Dialogen Platons nachlesen. Auch nach Platons Auffassung stirbt nur der Leib des Menschen. Seine Seele steigt nach dem Tode in die Ideenwelt auf, in der sie neun Jahre lang verweilt, zunächst eine Art „Reinigungsprozess" durchmacht, um Buße zu tun für ihre Verfehlungen, um dann aber in einem neuen Leib neu geboren zu werden. [3]

A.M.: Die Ideenwelt ist dann so eine Art Himmel.

L.Z.: Nein, es ist, wie der Name schon sagt, die Heimat der Ideen. Unter den Ideen versteht Platon die idealen Urbilder der Dinge in der Sinnenwelt. Alles, was wir mit unseren Sinnen wahrnehmen können, ist das Abbild einer Idee. Allerdings lediglich ein unvollkommenes Abbild, denn alle Ideen haben teil an den höchsten Ideen, von denen es keine unmittelbaren Abbilder in der Sinnenwelt gibt, den Ideen des Guten, Wahren und Schönen.

A.M.: Warum bleibt man dann nicht gleich dort, wenn alles so schön ist?

L.Z.: Keine Ahnung. Während unseres Aufenthaltes in der Ideenwelt „schauen" wir die Ideen der Dinge ebenso wie die höchsten Ideen. Werden wir geboren, vergessen wir sie. Doch mit jedem Ding, das wir mit unseren Sinnen wahrnehmen, erinnern wir uns an die Idee dieses Dinges. Erkennen ist Wiedererinnerung, meint Platon. Gleichzeitig empfinden wir unser ganzes Leben über die Sehnsucht nach der Schönheit und Vollkommenheit der Ideen. Jene Sehnsucht ist für Platon die Erotik.

A.M.: Und im Tode wird diese Sehnsucht erfüllt?

L.Z.: Offensichtlich. Doch der rechte Weg der Erotik führt dich schon in diesem Leben zur Schau dieser Ideen.

A.M.: Der Weg der „Platonischen Liebe" natürlich.

L.Z.: Nicht unbedingt in dem Sinne, in dem sie alltäglich verstanden wird. Tatsächlich ist für Platon der „rechte Weg der Liebe" geradezu

[3] Platon, Menon, in: Sämtliche Werke III, Frankfurt: Insel 1991

ein Einweihungsweg, der ganz im Gegensatz zu diesem alltäglichen Verständnis mit der Liebe zu den schönen Leibern ihren Anfang nimmt, dann aber über die Liebe zu den schönen Seelen, der Schönheit von Erkenntnissen, Gesetzen und Kunstwerken hinaufsteigt zur Schau der Idee des Schönen und Vollkommenen selbst, zur Offenbarung des Göttlichen. Bei all dem bleibt für Platon Liebe ihrem Wesen nach „Zeugung" und „Geburt". Während die Liebe zum Körper des Weibes Kinder zeugt, die Liebe zur Seele des Geliebten schöne und wahre Worte und Gedanken, so vollzieht sich die Offenbarung des Göttlichen als Geburt „wahrer Vortrefflichkeit" in der Seele des Liebenden. [4]

A.M.: Und was wird in der weiteren Entwicklung der Philosophie aus dieser Idee der Reinkarnation?

L.Z.: Erst mal überhaupt nichts. Platons prominentester Schüler ist natürlich Aristoteles. Sein Verständnis der menschlichen Seele ist wesentlich differenzierter, unterstellt aber ausdrücklich keine Reinkarnation.

A.M.: Was heißt differenzierter?

L.Z.: Zunächst setzt er der Zweiteilung von Leib und Seele bei Platon eine Dreiteilung von Leib, Seele und Geist entgegen. Die Seele ist für ihn sterblich. Eine Seele weisen alle Lebewesen auf. Die Pflanzen besitzen eine vegetative Seele, die Fortpflanzung, Wachstum und Entwicklung bewirkt. Die Tiere haben neben dieser vegetativen Seele noch eine animalische Seele, aus der sich ihre Empfindungen, Vorstellungen, Gefühle und Triebe ergeben. Der Mensch schließlich hat neben diesen zwei Seelenteilen auch noch die „Nous", was man mit Vernunft oder eben Geist übersetzen kann und die aus den Vorstellungen und Trieben der Tiere Erkenntnis und Wille der Menschen macht. Ein Teil dieser Vernunft, die „leidende Vernunft" stirbt mit dem Menschen. Der andere Teil, die „tätige Vernunft" ist ungeworden und unvergänglich. Allerdings sind die persönlichen Erfah-

---

[4] Platon, Symposion, in: Sämtliche Werke IV, Frankfurt: Insel 1991

rungen des Menschen Teil der leidenden Vernunft, während die tätige Vernunft eigentlich gerade die überindividuelle, allen Menschen mehr oder weniger eigene Seite der Vernunft ist. Es ist somit fraglich, ob sich für Aristoteles daraus eine persönliche Reinkarnation oder zumindest persönliche Unsterblichkeit ergibt. [5]

A.M.: Das klingt so, als ob diese tätige Vernunft die Ideenwelt selbst wäre.

L.Z.: Da hast du nicht unrecht. Allerdings gibt es für Aristoteles keine von der Sinnenwelt unabhängige „Ideenwelt". Lebewesen werden zu dem, was sie sind, weil ihnen ein inneres Streben nach Vollkommenheit innewohnt, die für jedes Wesen verschieden ist. Aristoteles nennt dieses Streben „Entelechie".

A.M.: Merkwürdig finde ich, dass Aristoteles sogar Pflanzen eine Seele zuspricht.

L.Z.: Das hat damit zu tun, dass die Seele in den meisten alten Kulturen nicht nur auf das Wahrnehmen, Denken, Fühlen und Wollen beschränkt, sondern das Prinzip des Lebens schlechthin ist. Die Griechen nennen die Seele beispielsweise „psyché". Das zugehörige Wort ist „psychéin" – „hauchen". Die Seele ist also ursprünglich der „Lebenshauch", der den Menschen verlässt, wenn er zu atmen aufhört. Aristoteles trennt in seiner Seelenlehre als erster konsequent die Seele als Lebensprinzip von der Seele als Bewusstsein.

A.M.: Und im Christentum findet man dann endgültig die Idee einer unsterblichen Seele, die zwar erst mit der Zeugung geschaffen wird, aber dafür nach dem Tod weiterlebt?

L.Z.: Ich denke, dass diese Idee der unsterblichen Seele dem Urchristentum fremd gewesen ist. Die ersten Christen gingen davon aus, dass der ganze Mensch stirbt, ins Grab gelegt wird und am Tage des jüngsten Gerichts leiblich wieder aufersteht. Und auf diese Idee ist das Christentum auch immer wieder zurückgeführt worden, nicht zuletzt durch die Lutherische Reformation. Auch das Aposto-

---

[5] Aristoteles, Über die Seele, Berlin: Akademie-Verlag 1986

lische Glaubenbekenntnis spricht noch heute von der „Auferstehung von den Toten". Noch deutlicher ist der lateinische Urtext: „Credo in carnis resurrectionem". Ich glaube an die Auferstehung des Fleisches.

A.M.: Ja? Das höre ich das erste Mal.

L.Z.: Ich denke, dass diese Gedanken sogar vielen praktizierenden Christen heute recht fremd sind, weil heute, wie wahrscheinlich schon viele Jahrhunderte hindurch, die Unsterblichkeit der Seele tief im Volksglauben verwurzelt ist. Und nicht zuletzt wurde sie auch von einigen Kirchenvätern vertreten – allerdings immer im Rückgang auf Platon oder Aristoteles, nicht auf die eigentliche jüdisch-christliche Tradition. Augustinus vertrat die Auffassung von der Unsterblichkeit der Seele im Rückbezug auf Platon, Thomas von Aquin in Anlehnung an Aristoteles.

A.M.: Wieso an Aristoteles? Der schien in der Frage doch unentschieden zu sein!

L.Z.: Thomas verwendet aber Begriffe des Aristoteles. Er entwickelt dafür eine sehr ausgeklügelte Konstruktion, die man etwas vereinfacht als eine Identifikation der Begriffe der Entelechie und der tätigen Vernunft sehen könnte. Die menschliche Seele ist für ihn das Prinzip, das sich in der Materie des menschlichen Leibes verwirklicht, andererseits aber auch von diesem Leibe unabhängig und somit unsterblich ist.

STEINER
ODER
DIE REINKARNATION DES GEISTES

A.M.: Alles in allem scheinen deine Gedanken zur Reinkarnation also weder aus dem fernen Osten noch aus dem Christentum der großen Kirchen herzukommen.

L.Z.: Die meisten Menschen, mit denen ich zu tun habe, verstehen diesen Begriff im Kontext der Anthroposophie Rudolf Steiners.[6] Er bezieht sich dabei auf alte Mysterienschulen und eigene, wie er es nennt, „geisteswissenschaftliche" Forschungen.

A.M.: Und wie versteht man diesen Begriff im Kontext der Anthroposophie?

L.Z.: Philosophisch gesehen ist es eine Art Synthese von Platon und Aristoteles. Die Idee der Reinkarnation und die Existenz einer geistigen Welt ähneln der Philosophie Platons, das Verständnis einer Trinität von Leib, Seele und Geist nähert sich eher Aristoteles an. Leib, Seele und Geist existieren bei Steiner in der Aristotelischen Dreiheit. Jede Einheit dieser Dreiheit wird ihrerseits aus jeweils drei Wesensgliedern gebildet. Der Leib des Menschen besteht aus einem physischen Leib, einem Ätherleib und einem Seelenleib. Der physische Leib ist all das, was ihn mit der mineralischen Welt verwandt macht, die mess- und beobachtbare physikalisch-chemische Zusammensetzung seines Körpers sozusagen. Der Ätherleib ist der Teil seiner biologischen Organisation, die die Grundlage für Wachstums- und Entwicklungsprozesse ausmacht und die der Mensch mit den Pflanzen gemein hat. Also die „vegetative Seele" des Aristoteles. Der Seelenleib hingegen ist all das, was die leibliche Grundlage für Empfindungen, Gefühle oder Willensäußerungen darstellt und auch bei Tieren vorkommt. Während für Steiner im Gegensatz zu Aristoteles dem Ätherleib nichts im eigentlichen Sinne „Seelisches" entspricht, ist der Seelenleib, wie der Name schon sagt, Träger von etwas Seelischem, der „Empfindungsseele", die „animalische Seele" des Aristoteles also. Die Einheit von Seelenleib und Empfindungsseele nennt Steiner auch den „Astralleib".

A.M.: Und all das soll „leiblich" sein? Also doch wohl naturwissenschaftlich beobachtbar?

L.Z.: Nach Steiner erfordern schon Ätherleib und Astralleib eine andere, „höhere" Form der Wahrnehmung. Ich bin mir allerdings nicht sicher, was für einen erkenntnistheoretischen Status ich dem

---

[6] Steiner, R., Theosophie, Dornach: Rudolf-Steiner-Verlag 1987

zugestehen soll. Für Steiner sind es wohl zunächst Wahrnehmungen einer „übersinnlichen" Erkenntnis...

A.M.: Wow!

L.Z.: ... allerdings scheint mir Vieles, was die biologische Systemtheorie unter dem Begriff „Organisation" zu fassen sucht, diesen höheren Leibern sehr nahe zu stehen. Aber das gehört nicht unbedingt zu unserem Thema.

A.M.: Der Reinkarnation?

L.Z.: So ist es. Die Seele hat nämlich noch zwei weitere Teile, die nicht wie die Empfindungsseele eine leibliche Seite haben: Die Verstandesseele und die Bewusstseinsseele. Die Verstandesseele umfasst sozusagen die abstrakteren Denk- und Gemütsäußerungen des Menschen. Die Bewusstseinsseele hingegen die geistigen Werte und Inhalte, die im Wesentlichen sein „Ich" bilden. Wie die Empfindungsseele eine leibliche „Gegenseite" hat, so die Bewusstseinsseele eine „geistige": das „Geistselbst". Dieses „Ich" mit der Bewusstseinsseele als seelischer und dem „Geistselbst" als geistiger Seite würde wiederum der „Nous" des Aristoteles entsprechen...

A.M.: ... und unsterblich sein.

L.Z.: Ja!

A.M.: Aber im Sinne einer Reinkarnation!

L.Z.: So ist es!

A.M.: Du sprachst aber von drei Teilen des Geistes.

L.Z.: Ja, Steiner spricht noch von zwei weiteren Dimensionen, dem „Lebensgeist" und dem „Geistesmenschen". Diese sind im heutigen Menschen aber noch nicht verkörpert...

A.M.: Oh!

L.Z.: ... sind aber auch für unser Gespräch nicht so wichtig.

A.M.: Aber warum muss es überhaupt diese Dreigliederung von Leib, Seele und Geist geben?

L.Z.: Die Seele vermittelt im lebenden Menschen sozusagen das Geistige mit dem Leiblichen. Im subjektiven Empfinden hat die Seele über die Empfindungsseele am Leiblichen teil und erlebt die physische Welt, über die Bewusstseinsseele hat sie am Geistigen Anteil und erlebt die geistigen Inhalte und Werte. Gleichzeitig vermittelt sie dem Geist die Eindrücke der physischen Welt und setzt Impulse des Geistes in der physischen Welt um. Der Klang der Musik wird von der Seele empfunden und dem Geist mitgeteilt. Ein Gedanke, der im Geist auftritt wird in der Seele zu einem Wunsch, den sie mit Hilfe des Leibes umsetzt. Hier liegt letztlich die Basis für menschliche Freiheit.

A.M.: Aber nur das „Ich" reinkarniert sich?

L.Z.: So ist es. Nach dem Tod lösen sich zunächst Seele und Geist vom Körper. Das Geistselbst oder Ich durchläuft dann noch eine Reihe von Entwicklungsschritten, in denen es sich nach und nach auch von den Seelenteilen löst, um dann von Leib und Seele befreit in die geistige Welt einzugehen...

A.M.: ... und sich von dort aus zu reinkarnieren.

L.Z.: Ja – um seine Aufgabe von Inkarnation zu Inkarnation immer besser erfüllen zu können.

A.M.: Und die wäre?

L.Z.:. Immer mehr aus dem Geistigen heraus seine Richtung zu erhalten. Unser Erkennen soll von dem Geiste der ewigen Wahrheit, unser Handeln von der ewigen Güte bestimmt werden.

A.M.: Also immer mehr nach Gottes Geboten zu leben?

L.Z.: Nein, immer mehr Freiheit zu gewinnen, unser Leben immer mehr von der Schau des Geistigen und immer weniger von den Ursachen der physischen Welt bestimmen zu lassen.

A.M.: Nicht schlecht. Doch scheint es mir hier nicht nur ein Leib-Seele-Problem, sondern auch noch ein Seele-Geist-Problem zu geben.

L.Z.: In der Tat. Wobei die entscheidende Frage bleibt, ob es überhaupt etwas gibt, was den Tod des Leibes überlebt – und eventuell seiner Zeugung vorausgeht. Also das, was du Leib-Seele-Problem genannt hast.

DESCARTES
ODER
DIE SEELE ALS SUBSTANZ

A.M.: Wenn man nach der Reinkarnation fragt, dann will man also wissen, ob die Seele oder der Geist eine vom Leib unabhängige Existenz hat.

L.Z.: Ja, eben das ist es, was die Philosophen der Neuzeit als Substanzproblem diskutiert haben.

A.M.: Die Seele soll eine Substanz sein?

L.Z.: Nicht in dem alltäglichen oder naturwissenschaftlichen Sinne. Substanz ist aus Sicht der Renaissancephilosophie dasjenige, was übrigbleibt, wenn man von einem Gegenstand alle seine Eigenschaften „abzieht". Man sieht bei einem Apfel davon ab, dass er eine bestimmte Masse, Form und Größe hat, dass er gelb oder rot, süß schmeckend, fruchtig riechend ist, Eiweiße, Kohlenhydrate, Lipide, Mineralstoffe enthält, aus Zellen aufgebaut ist, aus einer Blüte entsteht, essbar ist und andernfalls verfault, aus den Elementen Kohlenstoff, Wasserstoff, Sauerstoff, Stickstoff etc. aufgebaut wird, die ihrerseits als Atome vorkommen, die wiederum aus Elementarteilchen aufgebaut sind – und betrachtet so seine Substanz. Hinsichtlich seiner Substanz ist der Apfel also identisch zumindest mit den meisten anderen Dingen, die wir aus unserer Sinneserfahrung kennen. Zieht man von einem Auto, einem Bergkristall, einem Gänseblümchen, einem Gehirn alle Eigenschaften ab, bleibt dieselbe Substanz übrig. Fraglich ist, ob die Substanz, die bei der Beschreibung des eigenen Ich oder eines anderen Du übrig bleibt, ebenfalls mit der Substanz von Äpfeln, Autos, Bergkristallen und Gehirnen identisch oder von dieser verschieden ist. Ziehe ich von meinem Ich meine heitere Stimmung, wohlige Wärme, politische Überzeugung, Liebe zu meiner Frau, Erinnerung an den heutigen Vormittag, philosophisches Wissen, Selbstbewusstsein usw. ab, bleibt also eine, wie wir heute sagen würden, geistige oder seelische Substanz übrig, von der fraglich ist, ob sie mit der anderen, wie wir heute sagen würden, materiellen Substanz identisch ist.

A.M.: Und inwiefern berührt das nun dein Reinkarnationsproblem?

L.Z.: Durch den Substanzerhaltungssatz.

A.M.: Das klingt wie der Masseerhaltungssatz in der Chemie: Die Summe der Massen in einem Reaktionssystem bleibt immer gleich. Oder: Masse verschwindet nicht oder entsteht nicht aus dem Nichts.

L.Z.: Das wäre eine Art naturwissenschaftlicher „Sonderfall" des Substanzerhaltungssatzes.

A.M.: ... der sich letztendlich naturwissenschaftlich widerlegen lässt: Masse wird etwa in einer Kernreaktion in Energie verwandelt...

L.Z.: ... bleibt aber auch als Energie noch Substanz in diesem philosophischen Sinne.

A.M.: Ich verstehe.

L.Z.: Formulieren lässt sich also der Substanzerhaltungssatz so: „Die Substanz kann nicht entstehen und vergehen". Die alten Philosophen waren sich allerdings uneinig über den erkenntnistheoretischen Status dieses Satzes. Viele Philosophen verwenden ihn als Begriffsbestimmung von Substanz: Substanz ist das, was nicht vergehen und nicht entstehen kann. Wichtiger ist, dass er den Brückenschlag gestattet zu der theologischen Frage nach der Unsterblichkeit der Seele oder der Reinkarnation. Wenn eine Philosophie nur eine Substanz annimmt, meistens die materielle, dann spricht man von Monismus, wenn sie hingegen zwei, eine seelisch-geistige und eine materielle annimmt, dann spricht man von Dualismus. Wenn es nur eine – materielle – Substanz gibt, dann kann es auch keine Unsterblichkeit nach dem Zerfall des Körpers geben. Es sei denn, man würde die Beseeltheit der Zerfallsprodukte annehmen. Eine Unsterblichkeit der Seele kann dann gegeben sein, wenn sie auf einer anderen Substanz als jener materiellen beruht, die nach dem Substanzerhaltungssatz auch nach Zerfall des Körpers erhalten bleibt – was allerdings in einer solchen Weise geschehen muss, dass diese Seele nicht ebenso wie der Körper in so etwas wie „Seelenatome" zerfällt. Konsequenzen des Substanzerhaltungssatzes sind also nach Meinung der damaligen Philosophie: Jeder Monismus schließt die Unsterblichkeit der Seele aus. Auch die Umkehrung trifft zu: Jede Auffassung von der Unsterblichkeit der Seele ist nicht-monistisch. Jede Auffassung, die von der Unsterblichkeit der Seele nach dem Tode des Körpers ausgeht, ist dualistisch. Aber nicht jeder Dualismus muss die Unsterblichkeit der Seele behaupten. Nämlich dann nicht, wenn er den oben genannten Zerfall des Körpers in „Seelenatome" annimmt. Der Dualismus ist also notwendige, aber nicht hinreichende Bedingung für die Annahme einer unsterblichen Seele.

A.M.: Du müsstest mich also von einem Dualismus überzeugen, um so etwas wie Reinkarnation begründen zu können.

L.Z.: Um zu begründen, dass Reinkarnation möglich ist. Wir kommen bestimmt noch auf Relativierungen des Substanzbegriffes zu sprechen. Aber in der Sprache der Philosophie aus der Zeit der Renaissance und der Aufklärung: Ja!

A.M.: Dann bin ich aber gespannt auf die Argumente der neuzeitlichen Philosophie!

L.Z.: Gut, versuchen wir es. Ein Substanzdualismus von Seele und Körper wird in der Neuzeit das erste Mal konkret von René Descartes formuliert, und zwar in den „Meditationen über die Grundlagen der Philosophie" aus dem Jahr 1642.[7] Er unterscheidet eine seelisch-geistige und eine materiell-körperliche Substanz. Er nennt sie „res cogitans", die denkende Substanz, und „res extensa", die ausgedehnte Substanz. Seelische Vorgänge spielen sich demzufolge in der Seelensubstanz ab und sind wohl unterschieden von den entsprechenden körperlichen Prozessen. So wie die Materie des Körpers sollte demzufolge also auch die Substanz der Seele unzerstörbar sein. Ein Weiterleben der Seele nach dem Tode sollte möglich sein. Eigentlich würde sich dann auch die Frage nach einer Existenz der Seele vor der Zeugung oder Geburt stellen.

A.M.: Und wie kommt Descartes zu dieser Einsicht?

---

[7] Descartes, R., Meditationes de Prima Philosophia, in: Ausgewählte Schriften, Leipzig: Reclam 1980

L.Z.: Die Methode von Descartes ist die des radikalen Zweifels. Er will all das nicht gelten lassen, woran sich auch nur im Mindesten zweifeln lässt: An der Existenz der wahrgenommenen Dinge, selbst an der Richtigkeit mathematischer oder geometrischer Gesetze. Doch findet er bei all dem, dass er, während er zweifelt, doch nicht daran zweifeln kann, dass da etwas existiert, was zweifelt, ein zweifelndes Ich nämlich. Und so gelangt er zu einer unumstößlichen Wahrheit, an der sich nicht zweifeln lässt und auf die er seine gesamte Philosophie gründen will: „Ich denke, also bin ich."

A.M.: Klingt überzeugend. Und weiter?

L.Z.: Im Anschluss an das „Ich denke, also bin ich" als unbezweifelbarem Grundpfeiler seiner Philosophie fällt ihm auf, dass er sich seines denkenden Ichs absolut gewiss sein kann, während er an allem, was ihn körperlich ausmacht, zweifeln kann. Er schließt daraus, dass die denkende Substanz verschieden sein muss von der ausgedehnten.

A.M.: Klingt irgendwie merkwürdig.

L.Z.: Gut bemerkt. Der Schluss ist logisch falsch. Aus der Aussage, dass ich an der Existenz meines Ich nicht zweifeln kann, und der Aussage, dass ich an der Existenz meines Körpers zweifeln kann, folgt lediglich, dass ich auch daran zweifeln kann, dass mein Ich mein Körper ist, nicht aber, dass dies so sein muss.

A.M.: Und das wussten wir schon vorneweg.

L.Z.: Logisch scheint sich diese Frage also nicht entscheiden zu lassen.

A.M.: Aber vielleicht empirisch widerlegen? Bewusste Wahrnehmungen und willkürliche Bewegungen bedürfen doch trivialerweise einer Verbindung beider Substanzen?

L.Z.: Richtig. Descartes erklärt die Epiphyse im Zwischenhirn des Menschen zu demjenigen Gehirnorgan, in dem diese Wechselwirkung der Substanzen stattfindet...

A.M.: ... wahrscheinlich, weil dies der einzige Teil des Gehirns ist, der bei oberflächlicher Betrachtung nicht paarig auftritt und somit ein Kandidat für die Wirkung einer „einheitlichen" Seele wäre.

L.Z.: Das kann durchaus sein.

A.M.: Wie soll nun aber eine nicht-materielle Substanz auf Materielles wirken und umgekehrt? Wie kann Nichtmaterielles wirken, ohne die durchgängige Kausalität der materiellen Substanz zu durchbrechen? Wenn das Bewusstsein sich entschließt, den Arm zu heben, müsste doch irgendwo im Gehirn ein Kausalprozess von null beginnen, ohne eine vorangehende physische oder physikalische Ursache.

L.Z.: Genau das ist das Problem, mit dem ein solcher Dualismus von Anfang an zu kämpfen hatte.

A.M.: Und was waren die Lösungen?

L.Z.: Leibniz bringt dieses Problem zur Annahme einer durch Gott „prästabilierten Harmonie" von Seele und Gehirn: Materielle und geistige Substanz sind so geschaffen, dass alle Vorgänge in ihnen einer „gottgegebenen" Synchronisation unterliegen. Jede der Substanzen folgt ihren eigenen Gesetzen, aber durch diese Synchronisation geschieht in ihnen immer Entsprechendes. Gott hat also die materielle Welt und die Seele der Menschen so geschaffen, dass immer dann, wenn du den Arm heben willst, die entsprechenden Kausalprozesse in deinem Hirn ablaufen, und immer dann, wenn Licht in deine Augen fällt, eine Lichtempfindung in deiner Seele entsteht.

A.M.: Wow, was für ein Gott!

L.Z.: Noch mehr Arbeit hätte Gott aus Sicht des Okkasionalismus: Immer wenn das Bewusstsein sich entschließt, eine Bewegung auszuführen, bewirkt Gott im Körper, dass diese Bewegung geschieht. Immer wenn die Sinnesorgane erregt werden, bewirkt Gott in der Seele eine Wahrnehmung.

A.M.: Ehrlich gesagt habe ich nicht das Gefühl, dass mich ein solcher Ansatz überzeugen könnte.

L.Z.: Zumal er das Problem keineswegs löst: Man müsste nun erklären, wie Gott Prozesse im Körper bewirkt, denen offenbar keine Ursache vorangeht.

A.M.: Und gibt es einen Dualismus, der das Kausalitätsproblem löst?

L.Z.: Eine Denkmöglichkeit des Dualismus, der nicht mit dem Kausalgesetz in Konflikt kommt, ist der Epiphänomenalismus. Er geht davon aus, dass zwar eine Einwirkung der Seelensubstanz auf die materielle Substanz eine Verletzung des Kausalgesetzes ist, nicht jedoch die umgekehrte Einwirkung. Die Lösung wäre also, dass die materielle Substanz auf die seelische wirkt, ohne dass eine Rückwirkung besteht. Die Seele beschränkt sich also darauf, wahrzunehmen, was im Körper geschieht. Willkürliche Bewegungen müssen allerdings so interpretiert werden, dass sie eigentlich körperlich verursacht werden und diese Verursachung von der seelischen Substanz eben nur so wahrgenommen wird, dass sie der Illusion unterliegt, sie würde sie selbst verursachen. Alles Geistig-Seelische wäre somit ein kausal in der Welt unwirksames „Epiphänomen".

A.M.: Wie der Schaum auf der Brandung.

L.Z.: Aber immerhin: kein Problem mehr mit der Kausalität.

A.M.: Warum soll sich ein so bedeutungsloses Phänomen wie dieses epiphänomenale Bewusstsein entwickelt haben?

L.Z.: Eben das bleibt dabei unklar! Modernere Varianten des Dualismus versuchen die Relativierung des Kausalgesetzes durch die Quantentheorie als Möglichkeit zu interpretieren, eine geistige Substanz über die Beeinflussung von Zufallsprozessen wirken zu lassen. Prominenteste Vertreter sind hier Popper und Eccles [8] und neuerdings Penrose. [9]

A.M.: Die Theorie von Eccles kenne ich natürlich. Er nimmt an, dass die Seele aus unzählig vielen „Seelenatomen" besteht, die er „Psychonen" nennt, die mit Einheiten der Großhirnrinde, den „Dendronen" in einer quantentheoretisch beschreibbaren Wechselwirkung stehen.

L.Z.: Ich habe aber nie verstanden, inwiefern das unser Kausalproblem lösen soll. Aber vielleicht verstehe ich zu wenig von Quantentheorie.

A.M.: Ich glaube, die Logik ist ganz einfach: Die Quantentheorie zeigt, dass es objektiven Zufall gibt. Im Gehirn gibt es ganz viele Zufallsprozesse, die insgesamt statistischen Gesetzmäßigkeiten folgen.

---

[8] Popper, K.R. , J.C. Eccles, The Self and Its Brain, Berlin: Springer 1977

[9] Penrose, R., Shadows of Mind, Oxford: University Press 1994

Welches Ereignis aus dieser Zufallsverteilung nun aber unser Denken, Fühlen und Handeln bestimmt, entscheidet unsere Seele. Wenn unser Gehirn also ein Würfel wäre, dann würden auf lange Sicht alle sechs Zahlen mehr oder weniger gleich oft fallen, so dass die nun statistisch verstandene Kausalität erfüllt wird. Welche Zahl aber zu einem bestimmten Moment fällt, bestimmt unsere Seele.

L.Z.: Und das hältst du für realistisch?

A.M.: Eigentlich nicht. Ich will nicht abstreiten, dass solche Prozesse im Gehirn eine Rolle spielen könnten. Doch sind seelische Prozesse meiner Meinung nach viel zu regelmäßig strukturiert und auf das menschliche Verhalten bezogen, um in quantentheoretisch bedingten Zufallsprozessen ihr Substrat zu haben. Jedenfalls finde ich einen Monismus viel überzeugender. Und es gibt doch auch Philosophen, die das so sehen. Oder?

L.Z.: Natürlich jede Menge. Der erste konsequente Monismus stammt aus der Antike. Demokrit ist der Begründer des Atomismus, der Lehre also, dass alles, was existiert, aus Atomen und der Leere besteht. Verschiedene Stoffe entsprechen verschiedenen Formen der Atome. Ganz besonders feine Atome bilden die menschliche Seele.

A.M.: Und der christlich orientierten Neuzeit war das zu materialistisch?

L.Z.: Jedenfalls stammt der wohl fundierteste Monismus der Renaissance von Baruch de Spinoza. [10] Und er war tatsächlich kein Christ, sondern Jude – über den allerdings schon sehr bald der Bann der Amsterdamer Synagoge verhängt wurde. Doch nahm auch er Gott zum Ausgangspunkt seiner Überlegungen: allerdings einen pantheistisch verstandenen Gott. Er identifizierte nämlich die einzige, ewige, unerschaffbare und unzerstörbare Substanz mit Gott selbst.

A.M.: Im Gegensatz zum Materialismus ist dann also alles Geist.

L.Z.: Nein. Gott oder die Substanz hat nach Spinoza wahrscheinlich unendlich viele Modi oder Attribute. Wir können davon aber nur

[10] Spinoza, Baruch de, Ethik, Leipzig: Reclam 1982

zwei erfahren: Den Modus der Ausgedehntheit und den Modus des Denkens.

A.M.: Die bei Descartes zwei Substanzen entsprachen.

L.Z.: Genau! Die Natur ist Gott im Modus der Ausgedehntheit. Die Seele ist Gott im Modus des Denkens.

A.M.: Dann bin ich also Gott nach Spinoza?

L.Z.: Nein. Für Spinoza sind alle Dinge der Natur, alle Regungen der menschlichen Seele zwar Erscheinungsformen der göttlichen Substanz, aber nur das Ganze ist Gott. Bildlich gesprochen könnte man dich vielleicht als einen Gedanken Gottes bezeichnen.

A.M.: Na immerhin. Aber könnte man dann zu dieser einen Substanz nicht ebenso Materie sagen?

L.Z.: Formal gesehen ja. Ich denke aber, dass es einen Unterschied macht, in der Natur das verehrenswerte Göttliche zu sehen oder aber das von dem Menschen als Krone der Schöpfung zu vernutzende Etwas. Außerdem würde ein konsequenter Materialist die eine Substanz auf den Modus der Ausgedehntheit reduzieren und ihn nicht als einen Modus neben dem geistigen und vielleicht noch unendlich vielen anderen sehen.

A.M.: Und was sagt Spinoza zur Reinkarnation oder dem Leben nach dem Tode?

L.Z.: Dass sich der vernünftige Mensch mit dem Leben beschäftigt und nicht mit dem Tod oder dem, was danach kommen möge!

A.M.: Das klingt vernünftig, hilft uns aber wenig weiter bei unserer unvernünftigen Fragestellung. Irgendwie schienst du jedenfalls mit den dualistischen Theorien nicht sehr glücklich zu sein.

L.Z.: Nein. Am nächsten fühle ich mich noch der Behandlung des Problems durch Kant. [11]

---

[11] Kant, I.: Kritik der reinen Vernunft, Leipzig: Reclam 1979

KANT
ODER
DIE GRENZEN DER ERKENNTNIS

A.M.: Was sagt Kant zur Unsterblichkeit der Seele und ihrem Verhältnis zum Körper?

L.Z.: Auch Kant behandelt das Problem auf der Grundlage des Substanzbegriffes. Allerdings beginnt mit Kant die Auflösung des Substanzbegriffes in seiner Bedeutung für die Diskussion des Leib-Seele-Problems. Für ihn stellt „Substanz" nicht ein Grundprinzip der Wirklichkeit dar, sondern lediglich eine Kategorie des über die Wirklichkeit nachdenkenden Verstandes. Wir nehmen diese Begriffsbestimmung von Substanz vor aller Erfahrung, in Kants Worten „a priori" vor. Sie stellt allerdings eigentlich keinen Zuwachs an Wissen dar, sondern eben lediglich eine Begriffsklärung. Die aus der Begriffsbestimmung ableitbaren Urteile nennt Kant „analytisch". Kant ist nun der Auffassung, dass über die Substanz weitere Urteile möglich sind, die ebenfalls vor aller Erfahrung, a priori, aber mit echtem Wissenszuwachs getroffen werden können und daher „synthetisch" genannt werden. Das wichtigste dieser Urteile ist der Substanzerhaltungssatz, von dem wir schon gesprochen haben: „Die Substanz kann nicht entstehen und vergehen". Es entstammt nicht der – zumindest jeweils aktuellen – Erfahrung, sondern macht Erfahrung erst möglich.

A.M.: Das kann ich nicht nachvollziehen!

L.Z.: Was beobachtest du beispielsweise, wenn ein Stück Eis in einem warmen Zimmer liegt?

A.M.: Dass es zu Wasser zerschmilzt.

L.Z.: Falsch! Du beobachtest, dass das Eis verschwindet und Wasser auftaucht. Erst der Substanzerhaltungssatz belehrt dich darüber, dass Eis beim Schmelzen nicht ins Nichts verschwindet, während Wasser aus dem Nichts auftaucht, sondern sich Eis – unter Erhaltung seiner Substanz – in Wasser verwandelt; aber auch, dass Masse bei einer Kernspaltung nicht ins Nichts verschwindet, während

Energie aus dem Nichts entsteht, sondern Masse in Energie verwandelt wird. Substanzerhaltung ist also nicht Masseerhaltung, ebenso wenig wie „Substanz" im philosophischen Sinne etwas Chemisches ist. Der Substanzerhaltungssatz ist also, wie Kant es nennt, eine Bedingung der Möglichkeit vieler Erfahrungen. Ohne diesen Satz könnten wir nicht nachdenken über das Beobachtete.

A.M.: Das verstehe ich. Aber ich denke dennoch, dass wir diese Gesetzmäßigkeit ebenso aus unserer Erfahrung gewinnen.

L.Z.: Keineswegs. Deutlich wird dies durch die Umkehrung des Urteils: Wir würden uns nie per Erfahrung von der Falschheit dieses Substanzerhaltungssatzes überzeugen lassen. Wenn wir in wissenschaftlichen oder alltäglichen Zusammenhängen etwas verschwinden sehen oder sein Verschwinden messen würden, ohne feststellen, sehen oder messen zu können, in was es sich verwandelt, würden wir nie davon ausgehen, dass seine Substanz verschwunden ist, sondern nur davon, dass der Verbleib der Substanz uns verborgen geblieben ist – und wir nach ihr zu suchen hätten. Wenn die Erfahrung uns aber nicht über die Falschheit dieses Satzes belehren kann, kann sie auch nicht Ursprung seiner Annahme sein.

A.M.: Und wie viele Substanzen nimmt Kant an.

L.Z.: Zwei.

A.M.: Er ist also Dualist?

L.Z.: Ja. Aber eben mit dem Unterschied, dass bei Kant bereits die Auflösung des Substanzbegriffes beginnt. Während er für die Philosophen vor ihm wirklich etwas Gegenständliches war, ist es für ihn nur die „Materie" der Sinnesempfindungen des Menschen.

A.M.: Das verstehe ich nicht!

L.Z.: Vielleicht kommen wir auf unsere Beispiele vom Anfang zurück. Ein Apfel hat eine bestimmte Masse, Form und Größe, ist gelb oder rot, süß schmeckend, fruchtig riechend. Ich habe eine heitere Stimmung, wohlige Wärme, politische Überzeugung, Liebe zu meiner Frau, Erinnerung an den heutigen Vormittag, philosophisches Wissen, Selbstbewusstsein. Es kommt nie vor, dass ein Dinge gelb, süß, von bestimmter Masse, heiter, liebevoll und philosophisch wissend ist. In unserer Erfahrung gibt es dementsprechend zwei Substanzen. Für die Philosophen vor Kant war das so, weil es in der Realität zwei Substanzen gibt, denen unterschiedliche Eigenschaften zukommen. Für Kant ist das so, weil wir einen inneren und einen äußeren Sinn haben. Den inneren, um uns unser Seelenleben bewusst zu machen, den äußeren, um aus Empfindungen Erfahrungen gewinnen zu können. Den Philosophen vor Kant zufolge erfahren wir die Verschiedenheit der Substanzen. Für Kant ist die Annahme der beiden Substanzen eine Voraussetzung, um zwei Formen von Erfahrungen machen zu können: eine innere und eine äußere. Damit ist der Substanzbegriff aber nur noch ein Konstrukt unseres Erkenntnisvermögens, dem nichts in der Realität entspricht. Schon die nächste Philosophengeneration, insbesondere Georg Wilhelm Friedrich Hegel, wird auf diesen Begriff völlig verzichten.

HEGEL
ODER
DER GEIST ALS RELATION

A.M.: Hegel ist also Monist?

L.Z.: Irgendwie schon. Allerdings nicht in dem materialistischen Sinne des Wortes. Diese Systeme heißen ja in vielen Lehrbüchern ganz im Gegensatz dazu „idealistisch" – obwohl gerade Hegel diese Zuschreibung empört von sich weisen würde. Hegel verzichtet, wie gesagt, im Anschluss an Kant völlig auf den Begriff Substanz. Er findet etwa in seiner „Phänomenologie des Geistes" [12] einen anderen Weg, Geistig-Seelisches zu denken. Der Substanzbegriff verschwindet in der Annahme eines bestimmungslosen und mit dem Nichts

---

[12] Hegel, G.W.F., Sämtliche Werke, Ed. Glockner, Bd.2, Phänomenologie des Geistes, Stuttgart 1932

identischen Seins. Die sinnliche Gewissheit, die dieses Sein zum Gegenstand hat, gelangt zu der Einsicht, dass es vollkommen leer und inhaltslos ist. Erst die eigene Wahrnehmung bringt Unterscheidung in diese Unbestimmtheit, indem sie Dinge mit verschiedenen Eigenschaften konstruiert. Im nächsten Schritt entdeckt das Bewusstsein die „übersinnliche Welt" des Verstandes, dessen Gegenstand Verhältnisse, Relationen sind. Wenn dann das Bewusstsein zum Selbstbewusstsein wird, erkennt es, dass es eben diese Relationen sind, die Seelisches und im weiteren Gedankengang der Phänomenologie in immer neuen Gegensätzen und ihrer Aufhebung auch Geistiges ausmachen. Nicht durch eine zweite Substanz ist Seelisch-Geistiges von dem Sein des Materiellen unterschieden, sondern durch von ihm selbst erzeugte Relationen.

A.M.: Muss ich das jetzt verstehen?

L.Z.: Mit Goethe[13] kann man das vielleicht einfacher ausdrücken. Er macht etwa die Polarität zum Prinzip der Materie, die Steigerung zum Prinzip des Geistes – ohne die beiden als Substanzen voneinander zu unterscheiden: „Weil aber die Materie nie ohne Geist, der Geist nie ohne Materie existiert und wirksam sein kann, so vermag auch die Materie sich zu steigern, so wie der Geist sich's nicht nehmen lässt, anzuziehen und abzustoßen; wie derjenige nur allein zu denken vermag, der genugsam getrennt hat, um zu verbinden, genugsam verbunden hat, um wieder trennen zu mögen."[14] Mit anderen Worten: Die Steigerung setzt auf einer höheren Stufe in Relation, was die Polarität getrennt hat. Die Relation ist das Wesen des Seelisch-Geistigen.

A.M.: Und was genau ist eine Relation?

L.Z.: Mathematisch oder logisch einfach die Beziehung zwischen zwei oder auch sehr viel mehr voneinander unterschiedenen Variablen. Beispielsweise $y = x^2$. X und y können viele verschiedene Werte

[13] Goethe, J.W.v., Goethes Werke, Zwölfter Band, Schriften zu Philosophie, Politik und Naturwissenschaften, Berlin: Aufbau 1966

[14] Goethe, J.W.v., Erläuterung zu dem aphoristischen Aufsatz „Die Natur", Werke, Bd. 12, Berlin: Aufbau 1966

annehmen: 1 und 1, 2 und 4, 3 und 9, 1.000 und 1.000.000. Wichtig ist nur, dass sie eben diese Relation erfüllen. X kann jeden Wert annehmen. Hat man aber einen davon festgelegt, ist auch y bestimmt. Umgekehrt kann aber auch y jeden – positiven – Wert annehmen, bestimmt dann aber – zwei mögliche – Werte von x. Für Hegel ist die einfachste inhaltlich bestimmte Form einer Relation das „Spiel der Kräfte" der klassischen Physik. Man findet sie also schon in der klassischen Billardkugel-Kausalität. Man sagt etwa, dass die Bewegung der einen Kugel die Ursache für die Bewegung der anderen ist. Ebenso kann man aber auch sagen: Das Abbremsen der einen Kugel ist die Wirkung der Ruhe der anderen. Schon Kausalität ist eine Relation, die sich nicht in Ursache und Wirkung auflösen lässt, wie es unser verdinglichendes Denken gerne tut. Dabei sind Relationen durchaus etwas Alltägliches: Eine Ehe beispielsweise ist eine Relation zwischen zwei Menschen. Sie ist nicht der eine plus der andere. Sie kann nicht sein ohne die beiden Menschen, doch sie ist etwas anderes als diese beiden Menschen. Das, was wir mit Ehe meinen, kann zudem unter ganz verschiedenen Personen realisiert sein. Eine Person kann nacheinander mit verschiedenen anderen verheiratet sein. Und unser Geistig-Seelisches ist immer nur in solchen Relationen zu verstehen. Wahrnehmungen sind Relationen von Empfindungen. Gedanken Relationen von Begriffen. Die Vernunft ist Relation von Ideen. Unser Geistig-Seelisches hat keine eigene Substanz. Es ist Gegensatz und Aufhebung von Gegensätzen, Affirmation, Negation und doppelte Negation, Identität und Verschiedenheit oder eben Polarität und Steigerung.

A.M.: Das heißt, dass man seit Hegel nicht mehr von Dualismus und Monismus spricht?

L.Z.: Leider nicht. Selbst Philosophen und Naturwissenschaftler sind so sehr in unserem herkömmlichen substanziell-verdinglichenden Denken befangen, dass die mutige Auseinandersetzung der Klassischen Deutschen Philosophie mit dem Substanzbegriff nur allzu bald in Vergessenheit geraten war. Und wenn heute in einer Tagung oder selbst einem wissenschaftlichen Symposion die Frage nach Unsterblichkeit oder Reinkarnation gestellt wird, dann fragt man sich fast immer, ob es eine Substanz gäbe, die den Tod unseres Körpers überlebt oder bestreitet die Denkbarkeit eines Dualismus, der dies behauptet. Zumeist letzteres. Denn angesichts der Fortschritte der Hirnforschung scheint ein auf das Gehirn einwirkender Geist eine völlig absurde Annahme zu sein.

A.M.: Und warum kehren selbst Philosophen immer wieder zu diesem Substanzdenken zurück?

L.Z.: Das mag eben daran liegen, dass wir von Kleinkind an daran gewöhnt sind, substanziell-verdinglichend zu denken. Zu unseren ersten Erkenntnissen zählen Erfahrungen dieser Art: Die Mama verbirgt ihr Gesicht hinter ihren Händen, einem Handtuch, einem Möbelstück. Und plötzlich macht sie sich sichtbar mit einem „Kuckuck", „Ba" oder einem ähnlichen Ausruf. Wir haben gelacht – weil wir eine fundamentale Entdeckung gemacht haben: Die Mama bleibt auch erhalten, wenn sie mal nicht zu sehen, nicht zu spüren ist. Später vertiefen wir diese Erfahrung vielleicht mit einem schönen roten Ball. Er rollt unter einen Schrank. Anfangs ist damit die Sache erledigt. Später aber krabbeln wir ihm hinterher. Denn wir gehen davon aus, dass er erhalten geblieben ist. Noch später vertiefen wir diese Erfahrung vielleicht mit einem Wecker. Wir bearbeiten ihn mit allen Kräften. Er geht kaputt. Aber irgendwas bleibt übrig von ihm. So sehr wir uns auch anstrengen. Psychologen nennen diese Entdeckung „Objektkonstanz". Wir lernen eben sehr früh, Dinge als relativ konstant, ihre „Substanz" aber als absolut konstant zu verstehen. Ohne diese Erfahrung ist unser alltägliches Leben nicht denkbar. Wir würden keinen Schlüssel wiederfinden, wenn wir nicht von seiner Konstanz ausgehen würden. Wir würden kein Loch im Dach suchen, wenn wir nicht davon ausgehen würden, dass die Pfütze auf dem Boden „irgendwo her kommen muss", nicht aus dem Nichts entstanden sein kann. Dieser Grundsatz unseres Denkens kann aber auch zur Falle werden, wenn wir ihn falsch anwenden. Dies geschieht nicht selten. Dies geschieht fast immer, wenn wir über das Verhältnis von Leib und Seele nachdenken – wie bei der Frage nach der Möglichkeit von Reinkarnation.

KANT

ODER

DIE MORAL DER UNSTERBLICHKEIT

A.M.: Was sagen denn nun Kant und Hegel genau zum Thema Unsterblichkeit?

L.Z.: Hegel hat sich zu dieser Frage nie geäußert. Für Kant[15] gehört die Frage nach der Unsterblichkeit der Seele – neben jener nach der Existenz Gottes und der nach der Freiheit des Willens – zu den drei Fragen, die den Endzweck der Spekulation der theoretischen Vernunft darstellen. Es sind die drei Fragen, die sich die Vernunft nicht „abgewöhnen" kann, obwohl sie diese Fragen nie beweisbar beantworten können wird. Die Unsterblichkeit der Seele wird man weder beweisen noch widerlegen können. Der Grund dafür liegt im apriorischen Charakter des Substanzerhaltungssatzes. Auch wenn man mit Kant erkenntnistheoretisch von einem Dualismus ausgehen muss, beruht die Annahme der Unsterblichkeit der Seele auf dem Substanzerhaltungssatz. Dieser Satz ist aber nicht durch unsere Erfahrung gerechtfertigt, sondern stellt eine Bedingung der Möglichkeit unserer Erfahrung dar. Er gilt also nur für unsere Erfahrung und nicht darüber hinaus. Da wir aber keine Erfahrung unseres Lebens nach dem Tode – und in der Regel auch nicht unseres Lebens vor der Zeugung – haben, ist die Unsterblichkeit der Seele also weder zu beweisen noch zu widerlegen.

A.M.: Damit sind wir dann aber unserer Frage nach der Möglichkeit

---

[15] Kant, I., Kritik der praktischen Vernunft, Stuttgart: Reclam 1995

von Reinkarnation um keinen Schritt näher gekommen!

L.Z.: Richtig. Doch nichtsdestoweniger müssen wir nach Kant der Überzeugung sein, dass die Seele unsterblich – und dementsprechend auch der Dualismus zutreffend – ist. Allerdings ist diese Überzeugung keine in der theoretischen, sondern in der praktischen Vernunft begründete: Sie ist nicht theoretisch, sondern moralisch. Kant begründet dies so, dass in der Endlichkeit unseres Daseins die Unendlichkeit des sittlichen Ideals von vollkommener Tugend und vollkommener Glückseligkeit nicht erreichbar, aber für unser moralisches Handeln notwendig ist. Wir müssen also von einer „Verlängerung" unserer individuellen Existenz ausgehen, um moralisch sein zu können. Ich verzichte auf eine genauere Darstellung, weil mir Kants Argumentation nicht haltbar erscheint – auch eine größtmögliche „Annäherung" an dieses Ideal wäre hinreichend, um unserem moralischen Handeln zugrunde liegen zu können. Produktiv erscheint mir lediglich der Ansatz, dass die Frage nach der Unsterblichkeit der Seele und demzufolge nach dem Dualismus gar keine theoretische, sondern eine praktisch-moralische sein könnte.

A.M.: Allerdings haben wir doch festgestellt, dass der Dualismus nicht nur nicht beweisbar ist, sondern auch erhebliche theoretische Schwierigkeiten, vor allem mit dem Kausalitätsproblem hat. Wenn Seele und Körper zwei verschiedene Substanzen zugrunde liegen, müsste jede Handlung, der eine bewusste Entscheidung vorausgeht, ein Bruch der Kausalität der materiellen Substanz sein. Es müsste also Ereignisse im Gehirn geben, die „keine Ursache" im Rahmen des materiellen Geschehens haben.

L.Z.: Genau. Aber auch für dieses Problem zeigt Kant – im Zusammenhang seiner Diskussion des Freiheitsbegriffes –, dass es keine beweisbare Antwort gibt. Er knüpft hier an sein großes Vorbild David Hume an, der schon vor Kant darauf aufmerksam machte, dass wir immer nur das gemeinsame Auftreten von Ereignissen beobachten, nie jedoch, dass das eine Ereignis das andere verursacht. Ich beobachte immer nur, dass die eine Billardkugel losrollt, wenn die andere abgebremst wird, nicht dass die eine die Bewegung der anderen verursacht. Ich beobachte nur, dass der Stein warm wird, wenn die Sonne auf ihn scheint, nie aber, dass die Sonne die Erwärmung verursacht. Jene Verursachung ist nach Hume eine Zutat unseres Verstandes. Für Kant ist das Kausalgesetz „Alles, was geschieht, hat eine Ursache" ebenso ein synthetisches Urteil a priori wie der Substanzerhaltungssatz. Er schließt sich also einerseits Hume an, weil der damit sagt, dass dieses Urteil nicht der Erfahrung entstammt. Er ergänzt jedoch Hume, indem er hinzufügt, dass dieses Kausalgesetz Erfahrung überhaupt erst möglich macht. Wenn wir in alltäglichen wie auch in wissenschaftlichen Zusammenhängen eine Veränderung beobachten oder messen würden, ohne feststellen zu können, wodurch sie verursacht wird, würden wir uns wieder durch diese Erfahrung nie davon überzeugen lassen, dass es keine Ursache gäbe, sondern nur davon, dass diese Ursache uns verborgen geblieben ist – und wir nach ihr zu suchen hätten. Auch das Kausalgesetz entstammt also nicht der Erfahrung, sondern ist eine Bedingung der Möglichkeit von Erfahrungen, also des Nachdenkens über Sinneseindrücke. Was ich in unserem Beispiel mit dem Eis beobachte, ist wiederum nur, dass es genau dann zu schmelzen beginnt, wenn es in das warme Zimmer kommt. Die Erfahrung, dass das Eis nicht von alleine schmilzt, sondern durch die Zunahme der Temperatur verursacht, vermittelt mir das Kausalgesetz.

A.M.: ... ebenso wie die Erfahrung, dass das Heben meines Armes durch die Erregung von Neuronen im motorischen Cortex verursacht ist und diese wiederum von Neuronen im prämotorischen ...

L.Z.: ... aber auch, dass sich der Aufenthaltsort eines Elektrons in Abhängigkeit von seinem Energieniveau nur mit einer bestimmten Wahrscheinlichkeit vorhersagen lässt. Womit ich sagen will, dass die moderne Physik die Formulierung dieser Ursache keineswegs aufgibt, sondern nur statistisch vornimmt. Wie wir den Substanzerhaltungssatz mit Kant als Argument für den Dualismus aufgeben mussten, so können wir aber jetzt das Kausalgesetz als Argument gegen ihn entkräften: Wir werden nie die Möglichkeit einer Einwirkung der Seele auf das Gehirn damit widerlegen können, dass dann ja Wirkungen ohne Ursache auftreten würden. Unser Wissen über diese Verursachung entstammt ja nicht der Erfahrung, sondern geht ihr voraus. Die naturwissenschaftliche Erforschung menschlichen Handelns wird immer Ursachenforschung sein müssen – denn nur so ist es möglich in dieser Forschung den menschlichen Verstand zu verwenden. Den Dualismus widerlegen kann sie damit aber nicht!

A.M.: Wenn wir nun auf unser Thema „Reinkarnation" zurückkommen ...

L.Z.: ... dann würde das ebenfalls bedeuten, dass die Frage nach der Möglichkeit von Reinkarnation nie wissenschaftlich beantwortet werden kann, sondern eine praktisch-moralische Frage ist. Wir sollten darüber nachdenken, was die Annahme von Reinkarnation für unser Leben bedeutet und was der Verzicht auf diese Annahme für unser Leben bedeutet – und danach entscheiden, ob wir von einer Reinkarnation ausgehen oder nicht.

DIE GROSSHIRNRINDE
ODER
DIE MUSIK DER NEURONEN

A.M.: Wenn wir uns allerdings anschauen, was die Hirnforschung herausgefunden hat, dann wird die Annahme einer vom Gehirn verschiedenen Seele doch sehr unplausibel.

L.Z.: Wieso?

A.M.: Weil die Seele des Menschen an sein Gehirn gebunden ist. Erst wenn das Gehirn sich entwickelt, entwickelt sich die Seele des Menschen. Wenn das Gehirn des Menschen stirbt, dann stirbt auch seine Seele. Nichts mit Reinkarnation!

L.Z.: Woher weißt du das?

A.M.: Aus Tausenden Befunden der Biologie und der Medizin. Schon seit Jahrhunderten wissen Menschen, dass Verletzungen oder Erkrankungen des Gehirns sich in seelischen Veränderungen, in Ausfallerscheinungen äußern. Seit Jahrzehnten weiß man, dass sich durch elektrische Reizungen seelische Erlebnisse hervorrufen lassen. Eine Verletzung oder ein Schlaganfall in den hinteren Bereichen der Großhirnrinde hat Blindheit oder zumindest Störungen des Sehens zur Folge. Die Zerstörung des Frontalcortex, also der vorne gelegenen Teile des Gehirns, führt zur Störung von Denkprozessen und des Selbstverständnisses. Die Zerstörung anderer Teile der Großhirnrinde führen zum Ausfall der Sprache oder der Fähigkeiten der Bewegungsplanung. Die Zerstörung der beiden Hippokampi im limbischen System macht bewusste Lernprozesse unmöglich. Nach der Zerstörung der Mandelkerne sind Menschen kaum noch zu basalen Gefühlsäußerungen in der Lage. Umgekehrt führt eine Reizung der Sehzentren zu Hell-, Dunkel- oder Farbempfindungen. Eine Reizung bestimmter Teile des Hypothalamus zu Durstgefühlen, Wutausbrüchen oder sexuellem Lustempfinden. Sogar religiöse Gefühle des „Aufgehobenseins in einem umfassenden Ganzen" lassen sich durch geeignete Reizung der Scheitellappen hervorrufen.

L.Z.: Und daher weiß man nun, welche Teile des Gehirns für welche Funktionen verantwortlich sind?

A.M.: So ist es. Sehr verfeinert haben sich diese Kenntnisse in den letzten Jahrzehnten natürlich noch durch die bildgebenden Verfahren wie Kernresonanztomographie oder Positronenemissionstomographie, bei denen im Prinzip die Durchblutung bzw. Zuckerversorgung der verschiedenen Hirnareale im Verlaufe bestimmter Verhaltens- oder Sinnesleistungen oder in bestimmten inneren Zuständen gemessen und, wie der Name schon sagt, in Form eines Aktivitätsmusters des Gehirns abgebildet wird.

L.Z.: Vom Arzt kenne ich das EEG. Kann man damit auch etwas anfangen.

A.M.: Durchaus. Nur hat das Elektroenzephalogramm den Nachteil, dass es im Gegensatz zu den bildgebenden Verfahren eine sehr geringe räumliche Auflösung hat. Die hingegen benötigen relativ lange Messzeiten, haben also eine geringe zeitliche Auflösung. In dieser Hinsicht ist das EEG sogar im Vorteil.

L.Z.: Und was hat man nun über die Funktionen der Gehirnteile herausgefunden?

A.M.: Man kann das Gehirn grob in fünf Abschnitte einteilen: Großhirn, Zwischenhirn, Mittelhirn, Kleinhirn und Nachhirn. Das Großhirn nimmt dabei, wie der Name schon sagt, den größten Raum ein. In der Großhirnrinde, dem Cortex, finden sich Bereiche oder Areale, die für unsere Sinnesleistungen, Handlungen und Bewegungen, Sprache, Denken, Selbstbewusstsein, soziale Verhaltensweisen, kurz alle höheren geistig-seelischen Leistungen des Menschen zuständig sind. Es besteht aus zwei Hälften oder Hemisphären, die über den Balken miteinander verbunden sind. Zwischen beiden Hemisphären gibt es gewisse Spezialisierungen. So finden sich die Sprachzentren in der linken Hemisphäre, während die rechte zumeist nur in sehr geringem Umfang an sprachlichen Leistungen beteiligt ist.

L.Z.: Genau, davon habe ich schon viel gehört.

A.M.: Das kann ich mir vorstellen. Allerdings ist das wenigste davon wirklich naturwissenschaftlich gesichertes Wissen. Und dieses Wenige wiederum hat viel weniger praktische Bedeutung für das menschliche Verhalten oder gar die Pädagogik als das oft behauptet wird. Durch den Balken laufen einige Milliarden Nervenfasern. Es gibt in unserem Universum wohl kaum zwei Dinge, die so perfekt miteinander kommunizieren wie unsere beiden Hirnhälften. Wenn zwischen ihnen eine Funktionsteilung vorliegt, so sorgt diese enge Zusammenarbeit mit Sicherheit dafür, dass sie in unserem Denken, Fühlen und Handeln perfekt aufeinander abgestimmt sind. Man sollte in der Pädagogik also vielleicht eher über die Kommunikation zwischen Schüler und Lehrer nachdenken als über die der Hirnhemisphären.

L.Z.: Na gut. Und die anderen Teile des Gehirns?

A.M.: Das Zwischenhirn hat drei wichtige Organe: Der Thalamus bestimmt, welche Signale der Sinnesorgane in die Großhirnrinde gelangen und damit potenziell bewusstseinsfähig werden. Der Hypothalamus kontrolliert einerseits basale Triebe wie Sexualität, Hunger, Durst und Aggression und reguliert andererseits über das vegetative Nervensystem und das Hormonsystem die Funktion der inneren Organe. Letzteres geschieht über die Hypophyse, eine Drüse, die Hormone ausschüttet, welche die meisten anderen Hormondrüsen des Körpers regulieren.

L.Z.: Durch diesen engen Zusammenhang von Triebleben und inneren Organen kommt es wohl auch, dass unser Körper so schnell auf Änderungen seelischer Zustände reagiert.

A.M.: Das kann man, denke ich, schon so sagen. Auch wenn dies nicht nur über den Hypothalamus geschieht. Gerade das Nachhirn ist durch die Steuerung von Atmung, Herzschlag und Blutdruck sehr wichtig in dieser Hinsicht. Das Kleinhirn hat wichtige Aufgaben bei der Feinkoordination von Bewegungen und Haltungen des Körpers. Das Mittelhirn koordiniert auf einer basalen Ebene Sinnesleistungen mit Bewegungen – etwa im Rahmen mancher Augenbewegungen. Und natürlich gehört zum zentralen Nervensystem auch das Rückenmark, dem nicht nur die meisten Nerven entspringen, sondern das auch für viele Reflexe verantwortlich ist.

L.Z.: Für unser Verständnis der menschlichen Seele könnten wir uns aber auf die Großhirnrinde beschränken. Oder?

A.M.: In der Hinsicht, dass es nur hier bewusstseinsfähige Erregungen gibt, ja. Ansonsten muss man aber sagen, dass alle Teile des Gehirns direkt oder indirekt auch einen Einfluss auf unser Bewusstsein haben. Ganz besonders der Thalamus, den man nicht unzutreffend auch „das Tor zum Bewusstsein" nennt. Sehr wichtig ist in der Erforschung des menschlichen Seelenlebens in den letzten Jahrzehnten auch das limbische System geworden. Unter diesem Begriff fasst man eine Reihe von Strukturen des Zwischenhirns und der unterhalb des Cortex' liegenden Strukturen des Großhirns zusammen. In Zusammenarbeit mit dem Cortex sind sie für unsere Emotionen und Lernvorgänge verantwortlich. In Zusammenarbeit mit dem Thalamus bestimmen sie, welche Signale von den Sinnesorganen, aber auch welche Gedächtnisinhalte uns bewusst werden. Wenn für die Pädagogik irgendwelche Ergebnisse der Hirnforschung von Interesse sind, dann schon eher die Forschungsergebnisse zum limbischen System als die zu den beiden Hirnhemisphären.

L.Z.: Zum Beispiel?

A.M.: Zum Beispiel gibt es zwei Strukturen im limbischen System, die bei Lernprozessen eine große Rolle spielen: Der Hippokampus und der Mandelkern, den man auch Amygdala nennt. Beide koordinieren zwei funktionell völlig verschiedene Formen von Lernen. Mit dem Hippokampus lernen wir interessegeleitet. Dieses Lernen erfasst Zusammenhänge sehr komplex und speichert sie so ab, dass wir ihre Entstehungsbedingungen jederzeit wieder aufrufen, kritisch überdenken und mit anderen Menschen diskutieren können. Der Mandelkern hingegen führt zu Lernprozessen, die durch starke, vor allem negative Emotionen wie Angst, Schmerz, Unsicherheit oder Stress motiviert sind. Das so gelernte Wissen bleibt sehr einfach strukturiert. Seine Entstehungsbedingungen können wir uns kaum ins Bewusstsein zurückrufen und sie entsprechend nicht mehr hinterfragen und umlernen.

L.Z.: Aus Liebe und Interesse lernt man also besser als aus Angst und Stress.

A.M.: Sicher. Ich weiß allerdings nicht, ob man diese beiden Formen von Lernen überhaupt miteinander vergleichen kann. Ich meinte mit der Bedeutung für die Pädagogik vielmehr, dass eine durch Angst und Stress geprägte Lernatmosphäre Menschen auf längere Sicht jede echte Lernmotivation „abkonditionieren" kann und nur Lernen aus wirklichem Interesse auch eine wirkliche Bildung vermitteln kann.

L.Z.: Ich denke aber, dass das jeder wirkliche Pädagoge auch ohne Hirnforschung weiß.

A.M.: Aber mit der Hirnforschung kann er das vielleicht „unwirklichen Pädagogen" besser begreiflich machen.

L.Z.: Zugestanden.

A.M.: Aber kommen wir mal auf unser eigentliches Problem zurück.

L.Z.: Gerne. Sicher ist dieses Wissen nicht völlig unerheblich für unsere Diskussion. Aber ich denke, dass weder Descartes noch Steiner oder sonst wer von diesen Befunden allzu sehr überrascht wären. Das Gehirn ist nun mal das Organ der Seele. Warum sollten also nicht gewisse Teile des Gehirns Teilorgane gewisser seelischer Leistungen sein?

A.M.: Weil sich diese Leistungen mit Hilfe der modernen Hirnforschung auch immer mehr aus der Funktion des Gehirns selbst erklären lassen. Bislang habe ich dir ja nur etwas von dem globalen Aufbau des Gehirns erzählt. Die für unser Thema viel wichtigeren Fortschritte vollziehen sich aber auf der Ebene von Nervenzellen und Gruppen von Nervenzellen. Vielleicht erzähle ich dir mal am Beispiel des visuellen Systems, des Sehens also, wie sich die Forschung in den letzten hundert Jahren entwickelt hat?

L.Z.: Darauf bin ich gespannt.

A.M.: Nervenzellen bestehen aus einem Zellkörper mit oft sehr vielen, stark verzweigten und verhältnismäßig langen Fortsätzen, den Dendriten und Axonen. Untereinander sind sie durch Kontaktstellen, Synapsen genannt, verbunden, die die Axone einer Nervenzelle mit Dendriten – oder auch dem Zellkörper oder den Axonen – von anderen Nervenzellen verbinden. Die Aktivität von Nervenzellen beruht auf elektrischen Potentialschwankungen, die entlang der Dendriten zum Zellkörper hingeleitet werden können und dort unter bestimmten Umständen eine Umkehrung der elektrischen Ladung erzeugen können, die sich dann als sogenanntes „Aktionspotential" das Axon entlang ausbreitet. An den Synapsen führen diese Aktionspotenziale zur Ausschüttung von chemischen Botenstoffen, Neurotransmittern, die Potentialschwankungen in den Dendriten, Zellkörpern oder auch Axonen der folgenden Nervenzellen verstärken oder abschwächen. Die Dendriten von Nervenzellen können auf ähnliche Weise von

Sinneszellen erregt werden. Die Axone von Nervenzellen wirken analog auf Muskelzellen oder Drüsenzellen ein. Die Geburtsstunde der modernen Hirnforschung schlug, als es Adrian[16] im Jahre 1928 gelang, eine effektive Methode zur Messung der elektrochemischen Aktivität von Nervenzellen zu entwickeln. Die Aktionspotenziale der Nervenzellen als Ausdruck ihrer Aktivität konnten nun mit Hilfe haarfeiner Mikroelektroden gemessen werden. In den 30er und 40er Jahren gelang es Hartline[17] erstmals, auch an lebenden Versuchstieren die Aktivität dieser Nervenzellen zu messen.

L.Z.: Wie soll denn das gehen?

A.M.: Ein für die jeweiligen Untersuchungen geeignetes Versuchstier wird mit einem Narkotikum anästhesiert, an einer geeigneten Stelle über den zu untersuchenden Hirnstrukturen wird die Haut entfernt, der Schädelknochen abgetragen und ein „Ableitzylinder" installiert. Das Tier wird in einer Halterung fixiert und mit einem Muskelrelaxans paralysiert. Da die Paralyse die Atmungsmuskulatur lahmlegt, muss das Tier in der Regel künstlich beatmet und seine Körpertemperatur reguliert werden. Durch den Ableitzylinder wird eine Mikroelektrode mit einem Schrittmotor in die zu untersuchende Hirnstruktur eingeführt. Wenn die Zielstruktur erreicht ist, werden dem Tier Reize der zu erwartenden Modalitäten angeboten und der Vortrieb Mikrometer für Mikrometer fortgesetzt, bis die Mikroelektrode auf ein aktives Neuron trifft, dessen Aktivität auf einem Oszillographen sichtbar und über einen Lautsprecher hörbar gemacht werden kann. Nun werden durch systematische Variation eines zu untersuchenden Reizangebotes diejenigen visuellen, auditorischen, olfaktorischen oder somatosensorischen Reizparameter bestimmt, bei denen es zur Erhöhung der Aktivität dieser Zelle kommt. Bei der Erforschung der „visuellen" Hirnstrukturen geschieht dies in

[16] Adrian, E.D., The Basis of Sensation, London: Christophers 1928

[17] Hartline, H.K., The response of single optic nerve fibers of the vertebrate eye to illumination of the retina, Am.J.Physiol. 121, 400-415 (1938), Hartline, H.K., The receptive fields of optic nerve fibers, Am.J.Physiol. 130, 690-699 (1940)

der Regel, indem die Reize auf einen Schirm projiziert werden, der das Gesichtsfeld des Tieres abdeckt. Im auditorischen System verwendet man entsprechend definierte Töne, im somatosensorischen Berührungen und so weiter.

L.Z.: Es scheint mir sehr merkwürdig, dass man Wahrnehmung erforschen will, indem man einzelne Nervenzellen eines bewusstlosen Versuchstieres untersucht.

A.M.: Anders ging es ursprünglich nicht. Wäre das Versuchstier wach, dann würde es sich natürlich auch bewegen und somit eine Zuordnung der Aktivität der Nervenzellen zu einem bestimmten Teil des Gesichtsfeldes unmöglich machen. Sogar der Muskeltremor, also das funktionsbedingte Zittern der Muskeln, macht das unmöglich, so dass die Tiere sogar gelähmt werden müssen. Dennoch ist dein Vorwurf durchaus berechtigt. Deshalb arbeitete man später auch immer öfter mit dressierten wachen Versuchstieren, besonders Affen, und verwendete mehrere Elektroden, um wenigstens einige Nervenzellen untersuchen zu können.

L.Z.: Tut das den Tieren nicht weh?

A.M.: Nein. Die operative Installation der Ableitzylinder erfolgt natürlich weiter unter Narkose. Das Eindringen der Mikroelektrode während des eigentlichen Experimentes spüren sie nicht, auch wenn sie wach sind, denn das Innere des Gehirns ist nicht schmerzempfindlich.

L.Z.: Und kann man das Ganze nicht mit den bildgebenden Verfahren machen, von denen du erzählt hast, oder mit einem EEG? Da untersucht man doch ganz viele Nervenzellen und braucht zudem nicht in das Gehirn einzudringen.

A.M.: Damals gab es ja diese Methoden, abgesehen vom EEG, noch nicht. Andererseits haben alle diese Verfahren aber auch eine viel zu geringe Auflösung, um etwas über das Zusammenspiel von Nervenzellen zu erfahren. Noch heute klafft eine riesige Lücke zwischen dem detaillierten Wissen, was man über die Funktion einzelner Nervenzellen einerseits und ganzer Hirnareale andererseits herausgefunden hat.

L.Z.: Na ja! Aber mach weiter mit deiner Geschichte!

A.M.: In den 50er Jahren stellten sich die ersten Ergebnisse ein, die ein genaueres Verständnis der Funktion des Gehirns versprachen. Forscher wie Barlow, Lettvin und Maturana[18] zeigten zunächst an Nervenzellen der Netzhaut von Fröschen, dass diese Zellen genau dann aktiv sind, wenn kleine schwarze Flecken durch ihr Sehfeld, das „rezeptive Feld" bewegt wurden. Die Bezeichnung „bug detectors" legte die erstaunliche Interpretation nahe, dass schon das Auge des Frosches Fliegen als dessen bevorzugte Nahrung zu erkennen in der Lage wäre. In den 60er Jahren schließlich gelang es Forschern wie Barlow, Hubel und Wiesel[19], im visuellen Cortex von Katzen und Affen, also dem für das Sehen zuständigen Teil der Großhirnrinde, Nervenzellen nachzuweisen, die genau dann Aktionspotenziale mit großer Häufigkeit erzeugten, wenn durch ihr Sehfeld Balken mit einem bestimmten Winkel oder einer bestimmten Bewegungsrichtung, einer bestimmten Farbe, Form oder räumlichen Tiefe bewegt wurden. Schließlich gelang sogar der Nachweis von Zellen, die selektiv auf Gesichter, Hände oder Nahrungsmittel reagierten.[20]

L.Z.: Und nun, würde ich sagen, ist das Gesehene so in unserem Gehirn repräsentiert, dass unsere Seele eine Wahrnehmung davon haben kann. Aber wieso unsere Seele nur die Aktivität von Nervenzellen sein soll, ist damit noch längst nicht nachgewiesen.

A.M.: Genau dieser Denkansatz hat die Hirnforschung wenigstens zwei Jahrzehnte lang in die Irre geführt. Auf Grund der Ergebnisse, von denen ich gerade erzählt habe, entwickelten die Forscher theoretische Modellvorstellungen einer hierarchischen Verarbeitung

---

[18] Barlow,H.B., Summation and inhibition in the frog's retina, J.Physiol. 119,69-88 (1953), Maturana, H.R., J.Y. Lettvin, W.S. McCulloch, W.H.Pitts, Anatomy and physiology of vision in the frog (Rana pipiens), J.Gen.Physiology 43, 129-175 (1960)

[19] Hubel, D.H., T.N. Wiesel, Receptive fields of single neurons in the cat's striate cortex, J.Physiol. 148, 574-591 (1959), Hubel, D.H., T.N. Wiesel, Receptive fields, binocular interaction and functional architecture in the cat's visual cortex, J. Physiol. 160, 106-154 (1962), Hubel, D.H., T.N. Wiesel, Receptive fields and functional architecture of monkey striate cortex, J. Physiol. 195, 215-243 (1968), Barlow, H.B., C.Blakemore, J.D. Pettigrew, The neural mechanism of binocular depth discrimination, J. Physiol. 193,327-342 (1967)

[20] Tanaka, K., Inferotemporal cortex and higher visual functions, Curr.Opin.Neurobiol. 2,502-505 (1992)

von Sinnesdaten.[21] Es konnte sehr detailliert gezeigt werden, wie die Sinneszellen der Netzhaut mit den Schalt- und Ganglienzellen der Netzhaut bzw. den Nervenzellen in den folgenden Zentren der Sehbahn verschaltet sein müssen, um für die jeweiligen Merkmale selektiv sein zu können. In den für die verschiedenen Sinne zuständigen Arealen des Cortex extrahieren Nervenzellen also zunächst bestimmte einfache Merkmale der entsprechenden Reize, die in den „höheren" Arealen zu komplexen Merkmalen und letztlich ganzen Objekten zusammengefasst und dann an eine Zentrale im Frontalcortex, also den im Stirnbereich liegenden Arealen der Großhirnrinde, weitergemeldet werden. Die Lokalisation dieses Zentrums schien zunächst nicht schwer, denn seit den Anfängen der Erforschung des menschlichen Gehirns wusste man, dass es insbesondere Verletzungen oder Schlaganfälle in diesem Teil des Gehirns sind, die zu Störungen solcher Funktionen führen, die wir gemeinhin mit unserem Ich verbinden. Am Ende der Verarbeitung von Sinnesreizen müssten also Nervenzellen liegen, die nur bei Anwesenheit ganz bestimmter Objekte aktiv sind. Etwa also, um ein oft gewähltes Beispiel zu verwenden, eine „Großmutterzelle", die nur dann aktiv ist, wenn meine Großmutter zugegen ist. Das Zentrum im Frontalcortex wäre dann eben das „Ich", welches die Großmutter oder andere Objekte wahrnimmt. Von diesem Ich könnte dann gewissermaßen eine Hierarchie „hinabsteigend" die Planung und Steuerung von Bewegungen erfolgen, indem zunächst für bestimmte Bewegungsabläufe zuständige Zellen aktiviert würden, dann solche, die für bestimmte Muskelgruppen, Muskeln, Muskelfasern zuständig sind.

L.Z.: Die Seele, das Ich wäre dann also ein kleiner neuronaler Dämon, der im Frontalcortex sitzt und sich die Aktivität von Nervenzellen anschaut?

A.M.: Eben nicht. Eben das war ja der Irrweg, von dem ich spreche.

---

[21] Hubel, D.H., T.N. Wiesel, Receptive fields and functional architecture of monkey striate cortex, J.Physiol. 195, 215-243 (1968), Barlow, H.B., Single units and sensation: a neuron doctrine for perceptual psychology? Perception 1,371-394 (1972)

Tatsächlich hätte man so nur das Problem verschoben. Man müsste jetzt erklären, wie dieser neuronale Dämon wahrnimmt, und noch dazu, wieso er Aktionspotenziale mit Großmüttern verwechselt. Doch selbst die Idee der Repräsentation ganzer Objekte in der Aktivität von Nervenzellen ist theoretisch problematisch. Für jedes Objekt der Welt müsste es bestimmte Nervenzellen geben. Ja mehr noch: Für jede Perspektive, jeden Zustand eines solchen Objektes. Für meine Oma, wenn sie traurig ist und wenn sie lacht, frisch geschminkt und nach dem Aufstehen, mit 50 und mit 80 Jahren. Schwerwiegender für die Forscher war jedoch, dass sich weder neuroanatomisch eine Hierarchie von Nervenzellen noch mit Hilfe der Messung neuronaler Aktivität solche hochspezifischen Nervenzellen nachweisen ließen. Immer mehr wurde deutlich, dass unser Gehirn ein Netzwerk unglaublich vieler paralleler und immer wieder rückgekoppelter Verarbeitungswege ist, in dem es keine Zentrale gibt, in der Informationen zusammenlaufen und von der aus unser Handeln gesteuert werden könnte. Es wurde immer deutlicher: Es gibt sie nicht, die Großmutterzelle, es gibt es nicht, das Ich im Frontalcortex.

L.Z.: Wie kann es dann aber zu einheitlichen Wahrnehmungen kommen?

A.M.: Entscheidende Experimente dazu gelangen der Arbeitsgruppe von Singer[22] Ende der 80er und Anfang der 90er Jahre. Sie verwendeten zwei Mikroelektroden, mit denen sie an narkotisierten Katzen und später auch an wachen Affen die Aktivität von jeweils zwei Gruppen von Nervenzellen untersuchten. Sie zeigten, dass Gruppen von Nervenzellen, die jeweils für verschiedene Merkmale selektiv sind,

[22] Engel, A.K., P. König, C.M. Gray, W. Singer, Stimulus-dependent neuronal oscillations in cat visual cortex: Intercolumnar interaction as determined by cross-correlation analysis. Eur.J.Neurosci. 2,588-606 (1990), Engel, A.K., A.K. Kreiter, P. König, W. Singer, Synchronization of oscillatory neuronal responses between striate and extrastriate visual cortical areas of the cat, Proc.Natl.Acad.Sci.USA 88,6048-6052 (1991), Engel, A.K., P. .König, W. Singer, Direct physiological evidence for scene segmentation by temporal coding, Proc.Natl.Acad.Sci.USA 88,9136-9140 (1991), Engel, A.K., P. König, A.K. Kreiter, W. Singer, Interhemispheric synchronization of oscillatory neuronal responses in cat visual cortex, Science 252,1177-1179 (1991), Engel, A.K., P. König, A.K. Kreiter, T.B. Schillen, W. Singer, Temporal Coding in the visual cortex: new vistas on integration in the nervous system, Trends Neurosci. 15,6,218-226 (1992)

die Häufigkeit ihrer Aktionspotenziale genau dann untereinander synchronisieren, wenn es sich um Merkmale eines Objektes handelt. Sind es Merkmale verschiedener Objekte, bleiben die Aktivitäten der Nervenzellen unabhängig voneinander. Bewegt man beispielsweise zwei Lichtbalken mit verschiedener Geschwindigkeit und Richtung über die rezeptiven Felder zweier verschiedener Gruppen von orientierungsselektiven – also bei einem bestimmten Winkel dieses Balkens aktiven – Nervenzellen, dann ist die Häufigkeit ihrer Aktionspotenziale voneinander unabhängig. Tut man dies mit gleicher Richtung und Geschwindigkeit der Balken, so kommt es häufiger vor, dass diese Gruppen von Zellen gleichzeitig Aktionspotenziale erzeugen. Bewegt man nur einen Balken über beide rezeptiven Felder, ist diese Synchronisation am höchsten. Objekte werden also durch die synchronisierte Aktivität der für ihre Merkmale selektiven Gruppen von Nervenzellen repräsentiert. Meine Großmutter sollte mir demzufolge in Form der synchronisierten Aktivität von sehr vielen Gruppen von Zellen bewusst werden, die für ihre zu diesem Zeitpunkt zahlreichen verschiedenen Merkmale selektiv zuständig sind. Nicht die – konstante – Verschaltung der Nervenzellen könnte also das „einheitsstiftende" Prinzip des Gehirns sein, sondern die – ständig sich ändernde – gegenseitige Synchronisation und Desynchronisation der Aktivität von Nervenzellen. Mit vielen anderen experimentellen Befunden ergab sich also eine völlig andere Theorie der Funktion des Gehirns[23]: Alle komplexen Funktionen unseres Gehirns, Wahrnehmung, Denken, Entscheiden, Fühlen, Handeln, beruhen auf der zeitlichen Abstimmung der Aktivität ständig wechselnder Gruppen von Nervenzellen in allen Teilen unseres Gehirns. Zwei Gruppen, die noch eben in ihrer Aktivität untereinander synchroni-

[23] Malsburg, C. v.d., The Correlation Theory of Brain Function, Internal Report 81-2, Göttingen: MPI for Biophysical Chemistry 1981, Malsburg,C. v.d., Am I Thinking Assemblies? in: Palm, G. & A. Aertsen (eds.), Brain Theory, Berlin, Heidelberg: Springer 1986, 161-175, Singer, W., C.M. Gray, Visual Feature Integration and the Temporal Correlation Hypothesis, Ann. Rev. Neurosci. 18 (1995), 555-586, Edelman, G.M., G. Tononi, A Universe of Consciousness. How Matter Becomes Imagination, New York: Basic Books 2000

siert waren, desynchronisieren sich wenig später, um ihre Aktivität mit anderen Gruppen abzustimmen. Immer wieder vereinen sich die Aktivitäten bestimmter Gruppen von Zellen zu globalen Erregungsmustern, die parallel dazu von anderen begleitet und Augenblicke später von wieder anderen abgelöst werden.

L.Z.: Und wer bestimmt, welche dieser Gruppen ihre Aktivität miteinander synchronisieren?

A.M.: Welche Gruppen von Nervenzellen sich auf diese Weise miteinander verbinden, entscheidet sich immer wieder neu in einem physikalischen Selbstorganisationsprozess, in dem die Nervenzellengruppen untereinander den energetisch „besten" Kompromiss ihrer eigenen Dynamik suchen, in dem sich die globalen Aktivitätsmuster durchsetzen, die die Aktivität verschiedener Gruppen von Nervenzellen optimal miteinander verbinden. Grundlage dafür sind auf zellulärer Ebene die so genannten re-entranten Verschaltungen von Populationen von Nervenzellen: Eine Population von Nervenzellen bildet Axone zu der jeweils anderen und diese projiziert wieder Axone zu der ersten zurück. Durch Lernprozesse im Rahmen der Lebens und Lerngeschichte des jeweiligen Menschen werden diese Axone dann auf- und abgebaut, mehr oder weniger Synapsen zwischen den Nervenzellen ausgebildet und die Stärke der synaptischen Verbindungen modifiziert, so dass bei jedem Menschen ein völlig individuelles Verschaltungsmuster entsteht. Man spricht hier von der „Theorie der Selektion neuronaler Gruppen". Was sich schon auf Grund der empirischen Ergebnisse abzuzeichnen begann, findet in dieser Theorie seine Bestätigung: Es gibt kein Zentrum im Gehirn, in dem alles Wahrgenommene zusammenläuft, von dem aus das Handeln des Menschen gesteuert werden könnte. Alle Teile des Gehirns arbeiten mehr oder minder gleichberechtigt zusammen. Immer wieder andere Neuronengruppen bestimmen, was wir wahrnehmen oder tun.

L.Z.: Also ein Orchester ohne Dirigent[24]?

---

[24] Singer, W., Das Gehirn – ein Orchester ohne Dirigent, Max Planck Forschung 2/2005

A.M.: Kein schlechtes Bild. Das Gehirn gleicht einem riesigen Orchester, in dem viele Populationen von Nervenzellen Musikern entsprechen, von denen jeder einerseits das Geschehen auf der Bühne
verfolgt und dazu seine eigene Musik spielt, gleichzeitig aber auf
andere Instrumente hört, um in Harmonie mit ihnen zu kommen
– denn es gibt weder Noten noch einen Dirigenten. Die Musik ist das
Bewusstsein.

DAS LIMBISCHE SYSTEM
ODER
DAS CHAOS DER ENTSCHEIDUNGEN

L.Z.: Und wie können wir mit diesem Chaos von neuronalen Prozessen bewusste Entscheidungen treffen?

A.M.: Die Entstehung von Handlungsabsichten ist wesentlich eine
Leistung des limbischen Systems. Dieses limbische System setzt
sich, wenn du dich erinnerst, aus einer Reihe anatomisch sehr
verschiedener Strukturen unterhalb der Großhirnrinde zusammen
und arbeitet völlig unbewusst. Hier werden auf der Grundlage
von Affekten, emotionalen Befindlichkeiten, tiefliegenden Trieben
und körperlichen Zuständen grundlegende Wertentscheidungen
getroffen, es wird festgelegt, was in einem bestimmten Augenblick „gut" und „schlecht", „interessant" und „uninteressant" oder
eben „wünschenswert" und „nicht wünschenswert" ist. Die Zentren
unseres Gehirns, deren Tätigkeit uns bewusst ist, sind an diesem
Prozess mit der sachlichen Analyse der zur Zeit gegebenen Umstände beteiligt. Die eigentliche Entscheidung wird ihnen vom
limbischen System lediglich „mitgeteilt". Da uns dieser Entschei-
dungsprozess allerdings eben nicht bewusst wird, erleben wir nur,
dass eine bestimmte Handlungsabsicht im Anschluss an unsere
Überlegungen plötzlich „da" ist und wir meinen – fälschlicherwei-

se – sie würde diesen Überlegungen entspringen. Unsere bewusst arbeitenden Hirnabschnitte sind also keineswegs das psychische Zentrum unseres Handelns, sondern lediglich eine Art „Beraterstab" für komplexe Situationen. Sie sind nicht die Quelle unseres Wollens und nicht die Ursache unseres Handelns, sondern schreiben sich nur etwas zu, was tatsächlich in unbewusst arbeitenden Teilen unseres Gehirns entschieden wird.

L.Z.: Und wie wird das, was wir wissen, in diese Entscheidungen einbezogen?

A.M.: Das geschieht im Wesentlichen wieder nach dem Modell, dass ich dir eben erklärt habe: Alle unsere Entscheidungen sind das Ergebnis von bewussten und unbewussten Abwägungsprozessen der Verschaltungen von vielen Milliarden Nervenzellen unseres Gehirns. Entscheidungen beruhen auf Wissen, das in diesen Verschaltungen abgespeichert ist. Wissen über die Welt und Wissen, wie dieses Wissen über die Welt strukturiert, verarbeitet werden muss. Dieses Wissen kann angeboren oder durch Lernen erworben sein. Angeboren in Folge von genetisch veranlagten Verschaltungen unserer Nervenzellen, erworben durch deren lernbedingte Veränderung. Bis maximal zur Pubertät erfolgt diese Veränderung durch Prägungsprozesse im Rahmen der Hirnentwicklung, die zu neuen Verschaltungen führen kann. Ab dann ist nur noch eine Modifikation der Effizienz der Verschaltungen möglich. All dies gilt nicht nur für die Verarbeitung von Sinnesreizen, sondern auch für die Entwicklung sozialer Kompetenzen des Menschen: Mitleid, Moralempfinden, Kontrolle sozialen Handelns usw. Nur einen kleinen Teil dieses Wissens speichert unser Gehirn in Form des „deklarativen Gedächtnisses", in einer Form also, in der dieses Wissen im Zusammenhang mit der Situation des Erlernens bewusst erinnert werden kann. Nur dieses Wissen können wir sprachlich weitergeben, argumentativ durchdenken und bewusst in Frage stellen. Der größte Teil unseres Wissens, besonders das genetisch veranlagte und in früher Kindheit geprägte, bleibt uns für immer unbewusst und unhinterfragbar. Treffen wir nun auf Grundlage dieses Wissens eine Entscheidung, so bewirken die Verschaltungen unserer Nervenzellen eine Vielzahl elektrochemischer Erregungen in den verschiedensten Bereichen unseres Gehirns, die untereinander wieder einen „kompetitiven Prozess", also eine Art „Wettbewerb" eingehen. Im Ergebnis dieses Prozesses bildet sich wiederum ein globales, also über einen großen Teil des Gehirns ausgedehntes Erregungsmuster, das sozusagen den „besten Kompromiss" unter möglichst vielen der lokalen, also räumlich begrenzten Erregungen darstellt. Dieses Erregungsmuster entspricht der von uns getroffenen Entscheidung. Dieses Erregungsmuster ist es, das gegebenenfalls auch die Ausführung einer Handlung verursacht. Dieser Selbstorganisationsprozess läuft auf die geschilderte Weise ab, egal ob wir die entsprechenden Entscheidungen als willkürlich oder unwillkürlich, bewusst oder unbewusst empfinden.

L.Z.: Und welche Rolle spielt dann das Bewusstsein?

A.M.: Bewusste Prozesse sind solche, die vom Gehirn mit Aufmerksamkeit belegt werden. Bewusste Entscheidungen entspringen bewussten Wahrnehmungen in ihrem Abgleich mit bewussten Erinnerungen aus dem deklarativen Gedächtnis. Bewusste Entscheidungen haben den Vorteil, dass sie auf den komplizierten Abwägungsprozessen des rationalen Denkens beruhen, sprachlich mitteilbar sind und somit in sozialen Zusammenhängen beurteilt und bewertet werden können. Unbewusste Entscheidungen hingegen folgen wesentlich einfacheren Abwägungsregeln und sind nicht kommunizierbar. Der große Nachteil bewusster Entscheidungen liegt demgegenüber darin, dass unser Gehirn seine Aufmerksamkeit nur auf sehr wenige Sachverhalte gleichzeitig richten kann, während unbewusste Prozesse sehr viel mehr „Variablen" gleichzeitig berücksichtigen können. Bewusste Entscheidungen haben also nur sehr wenige bewusst gewordene Entscheidungsgrundlagen.

L.Z.: Und dann löst das Gehirn die zu der Handlung gehörigen Bewegungsabläufe aus?

A.M.: So ist es. Allerdings entspringt auch die Planung und Auslösung der eigentlichen „Willkürhandlung" keineswegs jenen für unser bewusstes Erleben zuständigen Gehirnarealen, sondern den – ebenfalls unbewusst arbeitenden – motorischen und prämotorischen Arealen unseres Gehirns. Auch hier spielt unser bewusstes Erleben eine gewisse Rolle: Es analysiert die sachlichen Gegebenheiten dahin gehend, wann und wie die „gewollte" Handlung ausgeführt werden sollte. Verursacht wird die Handlung aber von jenen Bewegungszentren. Und auch in diesem Falle entsteht aus dem zeitlichen Ablauf die Illusion, wir würden diese Handlung durch unsere bewusste Entscheidung hervorrufen.

L.Z.: Und natürlich lässt sich das alles zweifelsfrei beweisen?

A.M.: So gut eben eine Naturwissenschaft einen so komplexen Sachverhalt beweisen kann. Man beruft sich hier oft auf die Experimente von Benjamin Libet[25] aus dem Jahr 1983: Versuchspersonen sollten nach einer Trainingsphase innerhalb eines Zeitraums von drei Sekunden spontan, also zu einem von ihnen selbst gewählten Zeitpunkt, einen Finger heben. Während dieser Zeit sollten sie mit Hilfe einer „Uhr" – einem rotierenden Punkt auf einem Monitor – den Augenblick bestimmen, an dem sie den Entschluss fassten, den Finger zu heben. Gleichzeitig wurde von ihnen ein EEG aufgenommen. In diesem EEG ist es möglich, den frühesten Zeitpunkt zu bestimmen, zu dem die Bewegung im Gehirn ausgelöst wird. Es handelt sich dabei um das sogenannte „Bereitschaftspotential", das auf eine Aktivität eines Bewegungszentrums im Gehirn zurückzuführen ist. Die entscheidende Beobachtung war nun, dass die Versuchspersonen einen Zeitpunkt des Entschlusses angaben, der durchschnittlich 550 bis 350 Millisekunden nach dem Zeitpunkt lag, an dem das Bereitschaftspotential gemessen wurde. Die „Entscheidung" des Gehirns, den Finger zu bewegen, geht dem „bewusste Entschluss" der Versuchspersonen durchschnittlich fast eine halbe Sekunde voraus. Die bewusste

---

[25] Libet, B., C.A. Gleason, E.W. Wright, D.K. Pearl, Time of conscious intention to act in relation to onset of cerebral activity (readiness-potential), Brain 106 (1983), 623-642, Libet, B., Unconscious cerebral initiative and the role of conscious will in voluntary action, Behav. Brain Sci. 8 (1985), 529-566

Entscheidung kann also nicht Ursache der Bewegung sein, sondern die die Bewegung auslösenden Prozesse im Gehirn bewirken – viel später – das bewusste Erleben. Das bewusste Erleben reagiert auf die „Entscheidung" des Gehirns in einer solchen Weise, dass es der Täuschung unterliegt, es habe die Bewegung hervorgerufen.

L.Z.: Der Versuchsaufbau scheint mir aber recht zweifelhaft zu sein: Vielleicht brauchen die Versuchspersonen einfach so viel Zeit, um sich zu entschließen, auf die Uhr zu schauen und dann die Zeit wahrzunehmen.

A.M.: Sicher nicht! Die Zeit, die wir für solche Prozesse benötigen, liegt weit unterhalb einer halben Sekunde! Allerdings hat es gegen dieses Experiment auch von Seiten von Neurobiologen eine Reihe von methodischen Kritikpunkten gegeben. 1999 veröffentlichten die Neurobiologen Haggard und Eimer[26] die Ergebnisse von Untersuchungen, in denen sie die Experimente von Libet wiederholten und so modifizierten, dass die Kritikpunkte ihrer Kollegen Berücksichtigung fanden. Auch führten sie neben der Entscheidung für einen bestimmten Zeitpunkt auch noch die „freie Wahl" zwischen zwei Tasten ein, die die Versuchspersonen mit einem Finger der linken oder rechten Hand drücken konnten. Im Ergebnis ihrer Experimente konnten sie die Befunde von Libet bestätigen.

L.Z.: Die grundlegenden Wertentscheidungen, der größte Teil des den Entscheidungen zugrundeliegenden Wissens und die aktuelle Verursachung der Handlung wird also in unbewusst arbeitenden Teilen unseres Gehirns bearbeitet.

A.M.: Ja. Und mehr noch. Wenn man noch eine Stufe zurückgeht, dann findet man, dass das limbische System nicht nur bestimmt, was für eine Handlungsentscheidung getroffen wird, sondern sogar, welche Teile unseres potentiell bewussten Wissens tatsächlich aus dem deklarativen Gedächtnis abgerufen werden. Welche Sachverhalte mit Aufmerksamkeit belegt und somit bewusst werden,

---

[26] Haggard, P., M. Eimer, On the relation between brain potentials and the awareness of voluntary movements, Exp. Brain res. 126 (1999), 128-133

bestimmt also nicht unser Bewusstsein selbst; sondern auch ihre Auswahl ist das Ergebnis unbewusst ablaufender Prozesse. Was uns bewusst wird, bestimmt also das Unbewusste. Und letztendlich sind es in den Abwägungsprozessen unserer neuronalen Architektur nicht selten die unbewussten Prozesse, die im Wettbewerb um das beste globale Erregungsmuster gegen die bewussten Prozesse die Oberhand behalten. In diesem Falle suchen die bewussten Prozesse – nach getroffener Entscheidung – eine Begründung, die diese Entscheidung im Nachhinein vor der Instanz des Bewusstseins rechtfertigt. Experimenteller Beleg: Gibt man einer Versuchsperson über die unbewusst arbeitenden Teile des Gehirns eine Anweisung, so führt sie diese aus und erfindet, nach dem Grund für die Handlung befragt, eine passende Begründung ihrer „freiwilligen" Handlung.

NEURONALER DETERMINISMUS
ODER
Die Illusion der Freiheit

L.Z.: Freiheit ist also eine Täuschung.

A.M.: Von vielen Neurobiologen, aber auch Philosophen werden diese Theorien und Experimente als ein Beweis angenommen, dass die Freiheit unseres Willens eine Illusion ist, die dadurch entsteht, dass uns wohl unsere Entschlüsse, nicht aber die diese verursachenden neuronale Prozesse im Gehirn bewusst sind. Trivialerweise sind dem Menschen, der eine Entscheidung trifft, eben nur die bewussten Inhalte seines Bewusstseins bewusst – und sie sieht sein Bewusstsein als Grund und Ursache seiner Entscheidung und der darauf folgenden Handlung an. Die unbewussten Prozesse sind ihm, wie der Name schon sagt, nicht bewusst. Zu ihnen gehören die vielen unbewussten Prozesse, die die Entscheidung unter Umständen „hinter dem Rücken" des Bewusstseins schon längst getroffen haben, aber auch all jene Prozesse, die bestimmt haben, welcher Teil der Wahrnehmungen und des deklarativen Gedächtnisses überhaupt bewusst geworden sind. Dass das Bewusstsein sich nur seiner wenigen bewussten Entscheidungsgrundlagen, nicht aber der sie bedingenden und „hintergehenden" unbewussten bewusst ist, führt also zur Illusion der Willensfreiheit.

L.Z.: Und dass dieser ganze Begriff auch eine soziale Dimension haben könnte, darauf kommen Neurobiologen natürlich nicht.

A.M.: Durchaus! Es gab zu diesem Thema ja bereits viele hitzige Debatten. Der schon erwähnte deutsche Hirnforscher Wolfgang Singer[27] hat beispielsweise angeregt, auf Grund dieser Forschungsergebnisse unser Rechtssystem einmal grundlegend zu überdenken. Bisher unterscheidet man sehr deutlich zwischen Menschen, die verantwortlich für begangene Straftaten sind, und solchen, die es nicht sind. Eine psychische oder neurologische Erkrankung kann ein Grund sein, diese Menschen als schuldunfähig zu beurteilen und sie statt einer Strafe einer medizinischen Behandlung zuzuführen. Diese Forschungsergebnisse legen hingegen nahe, dass eigentlich nie ein Mensch in dem bisher verstandenen Sinne verantwortlich für seine Taten ist, da sein Handeln ja immer das Ergebnis genetischer Dispositionen, fehlgeleiteter Prägung oder verunglückter Erziehung ist. Menschen mit problematischen Verhaltensdispositionen sind nicht schlecht oder böse, sondern hilfsbedürftig. Und entsprechend müsste man unser Strafrecht verändern. Sicher muss man immer noch Strafen androhen und aussprechen. Jedoch in dem vollen Bewusstsein, dass man damit nur neue Ursachen für das künftige Verhalten dieser Menschen setzt, die andere Menschen und nicht zuletzt sie selbst vor den Wirkungen dieses Verhaltens schützen.

L.Z.: Olala! Aber das Grundgesetz ändern will er nicht? Oder die Nationalhymne?

A.M.: Jetzt bleibt dir nur noch Gewitzel übrig?

---

[27] Singer, W., Keiner kann anders als er ist. Verschaltungen legen uns fest: Wir sollten aufhören von Freiheit zu reden, FAZ, 8. Januar 2004

L.Z.: Keineswegs. Diese Argumente sind, was ihren philosophischen Gehalt betrifft, absolut nicht neu. Sie finden sich schon bei den französischen Materialisten, besonders bei Paul Thiry d'Holbach[28], der in der Notwendigkeit der Verursachung einen hinreichenden Grund sieht, die Freiheit des Willens zu bestreiten. Er sieht den Menschen ausschließlich als Produkt von Veranlagung, Erziehung und Gesellschaft. Er zieht auch ähnliche Schlussfolgerungen für das Rechtssystem wie Singer. Seiner Auffassung nach kann die moralische und juristische Bewertung menschlicher Handlungen eben nicht auf „Verantwortlichkeit" beruhen. Wenn wir Verbrecher bestrafen, dann um zu erziehen, um abzuschrecken, um ein angemessenes Verhalten zu verursachen. Belohnung und Strafe wirken für ihn also in keinem anderen Sinne „kausal", als dies bei Naturprozessen oder etwa dem damals üblichen Verständnis von Tierdressur auch der Fall ist. Und auch er zeigt den moralischen Wert eines solchen „Fatalismus", wie er es nennt. Wir werden seiner Auffassung nach ein höheres Maß an Toleranz anderen Menschen gegenüber aufbringen, wenn wir ihr Verhalten als Wirkung von Veranlagung, Erziehung und gesellschaftlichen Umständen verstehen.

A.M.: Und das überzeugt dich natürlich nicht?

L.Z.: Nein, durchaus nicht. Auch wenn es tatsächlich einen philosophischen Freiheitsbegriff gibt, der durch die Argumente d'Holbachs oder die Ergebnisse der Hirnforschung in Frage gestellt wird. D'Holbach richtet sich gegen ein Verständnis von Freiheit, wie es etwa von René Descartes formuliert wurde. Das kennst du ja im Prinzip schon. Die Seele erkennt die Welt, indem sie die Empfindungen der Sinne vom Gehirn über die Zirbeldrüse mitgeteilt bekommt, trifft ihre freien Entscheidungen und gibt die „Anweisungen" zu den auszuführenden Handlungen über die Zirbeldrüse an das Gehirn weiter. Der Freiheitsbegriff von Descartes steht also ebenso im Gegensatz zum Kausalgesetz wie sein Dualismus über-

---

[28] d'Holbach, P.T., System der Natur, Berlin: Aufbau-Verlag 1960

haupt. Wir stoßen also wieder auf das Problem der Kausalität, das wir schon aus der Diskussion des Dualismus kennen.

A.M.: Und wie im Falle des Dualismus kann man für dieses Problem mit Hume und Kant ein paar nette Ausreden finden.

L.Z.: Gut aufgepasst. David Hume[29] macht beispielsweise darauf aufmerksam, dass wir auch im Falle der Handlungen der Menschen Gleichförmigkeiten feststellen können, wie wir sie bei Naturprozessen finden. Mehr noch: Diese Gleichförmigkeiten sind geradezu Grundlage unseres sozialen Miteinanders. Hume vermag dies auch an einleuchtenden Beispielen zu demonstrieren: „Käme ein Mann, den ich als ehrlich und sehr wohlhabend kenne und mit dem ich nah befreundet bin, in mein Haus, wo ich von meinen Leuten umgeben bin, so fühle ich mich sicher, dass er nicht, ehe er es verlässt, mich erstechen wird, um mein silbernes Schreibzeug zu stehlen; und ich mutmaße dieses Ereignis ebenso wenig wie den Einsturz meines neuen, fest gebauten Hauses." Wobei er aber in beiden Fällen auch in Betracht zieht, dass man sich irren kann: „Aber er kann von plötzlichem bisher unerkannten Wahnsinn befallen sein. – Nun ebenso kann ein plötzliches Erdbeben entstehen und mir mein Haus über dem Kopfe zusammenstürzen lassen. Also werde ich die Voraussetzungen ändern." Natürlich rechnet Hume auch mit weniger vorbildlichen Eigenschaften seiner Zeitgenossen: „Wenn einer um Mittag seine goldgefüllte Börse auf dem Pflaster von Charing-Cross zurücklässt, so kann er ebenso gut erwarten, sie werde wie eine Feder davonfliegen, wie dass er sie nach einer Stunde unberührt wiederfinden werde." Sein Resümee: „Was verstehen wir eigentlich unter Freiheit in ihrer Anwendung auf Willenshandlungen? Sicherlich nicht, dass Handlungen eine so geringe Verknüpfung mit Beweggründen, Neigungen und Umständen haben, dass nicht jene aus diesen folgten, und dass nicht die einen eine Ableitung erlaubten, durch die wir das Dasein der anderen erschließen könnten. Denn

---

[29] Hume, D. Enquiry concerning human understanding, Hamburg: Meiner 1964

dies sind offenbare und anerkannte Tatsachen".

A.M.: Kennst du die Beispiele alle auswendig?

L.Z.: Wie du siehst. Hume hat einfach das gerade von Kant allzeit sehr beneidete Geschick einer ausgesprochen eingängigen Ausdrucksweise.

A.M.: Und Kant schließt sich wieder seinem Vorbild an.

L.Z.: So ist es. Allerdings betrachtet er das Problem viel differenzierter. Kant definiert Freiheit zunächst einmal ähnlich wie Descartes als „das Vermögen, einen Zustand von selbst anzufangen, dessen Kausalität also nicht nach dem Naturgesetze wiederum unter einer anderen Ursache steht, welche sie der Zeit nach bestimmte". Auch für Kant steht dieser Begriff also im Gegensatz zum Begriff der Verursachung.

A.M.: Aber wie wir schon in unserer Dualismus-Diskussion gesehen haben, akzeptiert Kant eine Argumentation über das Kausalgesetz nicht.

L.Z.: Richtig, weil es ein Urteil vor aller Erfahrung ist und somit nichts über die Wirklichkeit aussagt. So wenig also das Kausalgesetz ein Argument gegen den Dualismus sein kann, so wenig kann es auch ein Argument gegen die Willensfreiheit sein. Die moderne Hirnforschung hätte demzufolge noch nie einen Ursache-Wirkungs-Zusammenhang entdeckt, so auch nicht hinsichtlich der Verursachung von Handlungen oder Entscheidungen. Sie hat immer schon vorausgesetzt, dass es Ursachen und Wirkungen gibt und dieses Prinzip nur auf das empirisch gegebene Material angewendet. Würde es also einen Prozess im Gehirn geben, der scheinbar „von selbst" beginnt oder „vom Geist hervorgerufen ist", so müsste der Naturwissenschaftler sagen: „Ich habe noch keine Ursache gefunden." Anders könnte er seinen Verstand eben nicht gebrauchen. Wenn wir hingegen mit Hilfe unserer Vernunft über menschliche Handlungen und Entscheidungen nachdenken, so sollten wir nicht nach den Ursachen, sondern nach den Gründen einer Handlung suchen. Die Freiheit einer Handlung bemisst sich dementsprechend an der Vernünftigkeit ihrer Gründe und nicht an den Ursachen, die ihnen der Verstand eines Hirnforschers beilegt.

A.M.: Und die Ergebnisse von Libet würden dementsprechend rein empirisch nur die zeitliche Aufeinanderfolge von Bereitschaftspotenzial, bewusster Entscheidung und Ausführung der Bewegung zeigen.

L.Z.: So ist es. Würdest du Kant von Bereitschaftspotenzialen berichten, die unseren Willkürhandlungen zeitlich vorausgehen, so würde er hierin alles andere als eine Widerlegung des freien Willens sehen. Denn es ist ja lediglich unser Denken, das das eine als Ursache des anderen interpretiert. Wenn der Mensch einen freien Willen hätte, so würde sich in diesem Bereitschaftspotenzial vielleicht ebenso regelmäßig ein Beweggrund für das Heben des Armes äußern wie eine goldgefüllte Börse auf dem Pflaster von Charing-Cross ein Beweggrund dafür wäre, sie einzustecken. Die Frage, ob unser Wille frei ist oder nicht, liegt nach Kants Auffassung wiederum – wie die Frage nach der Unsterblichkeit der Seele – jenseits der Grenzen naturwissenschaftlicher Forschung.

A.M.: Und dann käme er wieder mit der praktischen Vernunft.

L.Z.: So ist es. Nichtsdestoweniger müssen wir mit Kant notwendig der Überzeugung sein, dass der Wille frei ist. Allerdings ist auch diese Überzeugung keine in der theoretischen Vernunft, sondern in der praktischen Vernunft begründete. Auch sie ist nicht theoretisch, sondern moralisch. Kant begründet dies so, dass wir nur Handlungen moralisch beurteilen können, die frei sind, für die wir also Verantwortung tragen und zur Verantwortung gezogen werden können. Mit der Freiheit des Willens fällt die Möglichkeit einer moralischen und ebenso einer juristischen Bewertung. Wir müssen also von einer Freiheit des Willens ausgehen, um unser eigenes Handeln verantworten und unsere Mitmenschen zur Verantwortung ziehen zu können.

A.M.: Was nach d'Holbach aber vielleicht gar nicht nötig wäre.

L.Z.: Vielleicht. Allerdings beruht bislang in der Tat unser gesamtes

Moralverständnis wie unser gesamtes Rechtssystem auf der Annahme des freien Willens. Und warum sollten wir diese Annahme in Frage stellen auf Grund philosophischer oder auch wissenschaftlicher Argumentationen, die diese Freiheit ebenso wenig widerlegen wie beweisen können?

HEGEL
ODER
DIE FREIHEIT ALS ERKENNTNIS

A.M.: Deine Strategie scheint mir wieder darin zu bestehen, die Frage gegen jede vernünftige naturwissenschaftliche Forschung abzuriegeln. Damit muss ich wohl leben.

L.Z.: Keineswegs. Kants Strategie zeigt meiner Ansicht nach durchaus die Möglichkeit, dass man ziemlich unberührt von naturwissenschaftlicher Forschung philosophieren kann. Allerdings gibt es auch einen anderen Begriff von Freiheit, der mit den von dir dargestellten Ergebnissen neurowissenschaftlicher Forschung meiner Meinung nach vollkommen verträglich ist.

A.M.: Da bin ich aber gespannt!

L.Z.: Seine Anfänge gehen auf Baruch de Spinoza[30] zurück. Wie d'Holbach richtet auch er sich gegen ein Freiheitsverständnis, wie es Descartes vertritt. Er schreibt in seiner „Ethik": „Der Wille kann nicht freie, sondern nur notwendige Ursache genannt werden. Es gibt im Geiste keinen absoluten und freien Willen; sondern der Geist wird dieses oder jenes zu wollen von einer Ursache bestimmt, die auch wieder von einer anderen Ursache bestimmt worden ist, und diese wieder von einer anderen und so fort ins Unendliche [...]. Es glaubt das Kind, es begehre die Milch frei, der erzürnte Knabe, er

---

[30] Spinoza, Baruch de, Ethik, Leipzig: Reclam 1982

wolle die Rache, der Furchtsame die Flucht. Der Betrunkene glaubt, er rede aus freiem Beschluss des Geistes, was er, wieder ernüchtert, verschwiegen zu haben wünscht. So meinen der Irrsinnige, der Schwätzer, der Knabe und viele dieses Schlages, aus freiem Beschluss des Geistes zu reden, während sie doch den Antrieb zum Reden, den sie haben, nicht bezähmen können. Somit lehrt die Erfahrung nicht weniger als die Vernunft, dass die Menschen nur darum glauben, sie wären frei, weil sie sich ihrer Handlungen bewusst, der Ursachen aber, von denen sie bestimmt werden, unkundig sind."

A.M.: Wow! Genau so argumentieren ja heute die Hirnforscher – bis in die Wortwahl hinein!

L.Z.: Siehst du. Aber im Gegensatz zu diesen Hirnforschern sieht Spinoza genau hier auch den Ansatzpunkt für einen alternativen Freiheitsbegriff. Wenn wir uns nämlich der Ursachen unseres Handelns bewusst werden, und zwar nicht nur der äußeren Ursachen, sondern auch der in uns selbst liegenden „Affekte", dann können wir uns von deren Knechtschaft befreien. Wir können statt dessen der Vernunft folgen. Wenn wir dies tun, so handeln wir nach unserer eigenen Notwendigkeit. Und das Handeln nach dieser uns eigenen Notwendigkeit nennt er frei. Am deutlichsten wurde dieser Begriff von Freiheit allerdings später von Hegel[31] formuliert. Auch er sucht die Freiheit nicht in erster Linie in der Beschaffenheit des menschlichen Willens, sondern in der Erkenntnis, im Denken. Das Denken gestattet es mir, die Welt und die in ihr wirkenden Gesetzmäßigkeiten zu durchschauen und zu beherrschen. Es gestattet mir zu verstehen, was für Ursachen innerer wie äußerer Natur meine Entscheidungen und mein Handeln beeinflussen, was für Konsequenzen meine Entscheidungen und mein Handeln haben werden. Je mehr ich mir dieser Beweggründe und Konsequenzen meines Handelns bewusst werde, je mehr ich sie zu beeinflussen verstehe, desto freier bin ich. Das gesamte Hegel'sche System zeigt eigentlich

---

[31] Hegel, G.W.F., Sämtliche Werke, Ed. Glockner, Bd.2, Phänomenologie des Geistes, Stuttgart 1932

einen solchen Weg zur absoluten Freiheit, indem das Denken immer mehr Gegebenheiten der „gegen-ständlichen" also dem Denken „gegenüber-stehenden" Welt sich aneignet und damit seiner zunehmenden Freiheit unterordnet. Marx resümiert diese Position, der er sich übrigens auch anschließt, in dem berühmten Satz „Freiheit ist die Einsicht in die Notwendigkeit".

A.M.: Kannst du dafür mal ein Beispiel geben?

L.Z.: Der Freund David Humes beispielsweise beweist nicht dadurch die Freiheit seines Willens, dass er Hume plötzlich ersticht, um ihm das Schreibzeug zu stehlen. Er erkennt die Umstände und möglichen Folgen, die durch Naturnotwendigkeiten oder auch soziale Notwendigkeiten mit seinen möglichen Handlungen verknüpft sind. Er erkennt vielleicht das Leid, das er einem Freund zufügt im Gegensatz zu dem geringen Vorteil, den die Tat ihm bringen würde, oder die Gefährdung, die ihm selbst in einer von solchen Handlungen geprägten Welt entstehen würde, oder zumindest die strafrechtlichen Folgen, die eine solche Tat für ihn haben könnte. Im Gegensatz dazu erkennt der Passant auf Charing-Cross die Vorteile der goldgefüllten Börse, die er ohne zu erwartende Strafverfolgung aufhebt, im Gegensatz zu den Umständen, dass sie dann eben ein anderer Passant nehmen würde.

A.M.: Mit diesem Freiheitsbegriff steht Hegel allerdings ziemlich allein, denke ich.

L.Z.: Nein. Man kann eher sagen, dass die Freiheitsbegriffe von Kant und Hegel mehr oder weniger gleichberechtigt die Philosophie des 19. und 20. Jahrhunderts bestimmt haben. Auch Steiner wählt – in der Tradition Fichtes und Hegels – genau diesen Ansatzpunkt für seine „Philosophie der Freiheit". Auch er würde dir vorwerfen, zu übersehen, dass der Mensch nicht nur ein Bewusstsein von seiner Handlung hat, sondern auch von den Ursachen haben kann, von denen er geleitet wird. Unglücklicherweise macht er das in seinem philosophischen Hauptwerk „Philosophie der Freiheit" gerade an einem Spinoza-Zitat fest, dessen Ethik er im Zusammenhang wohl nie gelesen hat.

A.M.: Und jetzt erzählst du mir sicher auch noch, was Hegel oder Steiner zu den von mir dargestellten Theorien der modernen Hirnforschung sagen würden?

L.Z.: Gerne. Eine solche Auffassung von Freiheit steht nämlich in keiner Weise im Gegensatz zu den Ergebnissen moderner Hirnforschung. Handlungen sind insoweit frei, wie sie durch bewusste Motive bestimmt sind, die das Ergebnis eines situationsangemessenen Denkens sind, durch Motive, die man sowohl in der Alltagssprache als auch in der Philosophie „Gründe" nennt. Ob und wie diese Gründe letztendlich eine Entscheidung und Handlung bestimmen, mag wesentlich von unbewussten Faktoren abhängen, davon, ob sie sich im Wettbewerb mit den von den unbewusst arbeitenden Teilen unseres Gehirns bestimmten Erregungsmustern durchsetzen oder nicht, ob sie den Präferenzen des limbischen Systems gerecht werden oder nicht, ob sie vom limbischen System überhaupt bewusst gemacht werden. Das ändert aber nichts daran, dass wir genau in dem Maße frei sind, wie wir die Motive unseres Handelns bewusst durchdenken und hinterfragen.

A.M.: Und wie würdest du in diesem Zusammenhang das Libet-Experiment interpretieren?

L.Z.: Auf Grundlage dieses Freiheitsbegriffes würde man tatsächlich sagen, dass die Entscheidung der Versuchsperson für den Augenblick, in dem sie den Finger hebt, eine unfreie Entscheidung ist. Sie ist sich ja tatsächlich nicht bewusst über das Bereitschaftspotenzial, das das Heben des Armes verursacht. Die mehr oder weniger freie Entscheidung hat dieser Mensch zu einem Zeitpunkt getroffen, der in dem Experiment überhaupt nicht erfasst worden ist. Nämlich als er sich unter bewusster Abwägung des „Für" und „Wider" für eine Teilnahme an dem Experiment entschieden hat – vielleicht weil er die Notwendigkeit der Hirnforschung oder den Vorteil eines gewissen Geldbetrages erkannt hat. In diesem Moment folgte die Versuchsperson den bewussten Motiven seines Handelns, war sich der Ursachen und Wirkungen ihres Verhaltens bewusst.

A.M.: Deiner Meinung nach wählt das Experiment also einfach ein viel zu enges Zeitfenster, um scheinbar freie Entscheidungen zu untersuchen.

L.Z.: Oder die falsche Methode. Ich meine nämlich sogar, dass dieses Verständnis von Freiheit selbst in dem reduzierten Rahmen der experimentellen Situation des Libet-Experiments tragfähig ist. Folgt man Hegel oder Steiner, so besteht die relative Unfreiheit des Menschen in der experimentellen Situation genau darin, dass er die ihn bestimmende Notwendigkeit nicht erkennt. Was geschieht aber, wenn er sie erkennen würde? Verändern wir die Situation doch ein wenig: Immer dann, wenn im EEG ein Bereitschaftspotenzial auftritt, soll, gut sichtbar für die Versuchsperson, eine rote Lampe aufleuchten. Und wir geben ihr die Anweisung: Immer dann, wenn dir danach ist, solltest du die Handlung abbrechen, sobald die rote Lampe aufleuchtet. Ohne Zweifel sind mehrere Hundert Millisekunden genug Zeit, um diese Anweisung zumindest ab und zu zu erfüllen. Die Einsicht in die Notwendigkeit des Bereitschaftspotentials würde bedingen, dass die Versuchsperson gegenüber dem Bereitschaftspotential im Hegel'schen Sinne frei ist. Sicher würde der Hirnforscher andere Ereignisse in der Aktivität des Gehirns finden, die ihm auch unter diesen experimentellen Bedingungen die Vorhersage erlaubt, ob die Versuchsperson nun auf das rote Licht mit dem Abbrechen des Armhebens reagiert oder nicht. Bis zu den Grenzen der Reaktionszeit würde die Einsicht in diese Notwendigkeit der Versuchsperson aber auch einen Beweis ihrer Freiheit erlauben. Unter diesen Grenzen wäre sie ebenso unfrei wie jeder Mensch auf der Überholspur der Autobahn beim Frontalzusammenstoß mit einem Geisterfahrer. Dann könnte sie ihre Freiheit nur noch beweisen, indem sie sich der experimentellen Situation entzieht. Aber eben das wird ihr immer möglich sein.

A.M.: Gut. Ich sehe ein, dass die Argumentationen von vielen Neurobiologen diesen Freiheitsbegriff nicht berühren. Allerdings war der ja schon irgendwie die Reaktion auf eine naturwissenschaftliche

Sicht der Dinge. Das macht auf mich schon einen recht opportunistischen Eindruck: Wird der eine Freiheitsbegriff widerlegt, denkt man sich eben schnell einen anderen aus.

L.Z.: Keineswegs. Diesem Freiheitsbegriff folgt die Rechtssprechung im Prinzip schon seit der Zeit der alten Griechen. So denken selbst Juristen! Wir erkennen ja den freien Willen eben genau den Menschen ab, die sich der Umstände und Folgen ihrer Handlungen nicht bewusst sind. Kein Gericht der Welt fragt danach, ob der Handlung eines Verbrechers ein Bereitschaftspotential vorausgegangen ist. Jedes Gericht eines demokratischen Landes fragt aber danach, ob sich der Täter der Beweggründe und Folgen seiner Handlungen bewusst war.

A.M.: Das stimmt allerdings.

STEINER
ODER
DIE WIRKLICHKEIT DER FREIHEIT

L.Z.: Ich muss allerdings meinerseits sagen, dass die Hirnforschung für die Entwicklung eines Freiheitsbegriffes durchaus etwas beitragen kann. Tatsächlich räumen diese Erkenntnisse auf mit einem Verständnis des „Ich" als einem den Körper und die Seele beherrschenden rationalen und autonomen Agenten, den sich rationalistische und kritische Philosophien erträumten.

A.M.: So ist es. Schon als du erzählt hast, dass für Spinoza eine freie Handlung unserer eigenen Notwendigkeit entspringt, habe ich mich gefragt, ob diese eigene Notwendigkeit wirklich nur die der Vernunft ist. Liegt eine solche eigene Notwendigkeit nicht auch im Fühlen und Wollen? Manchmal kommt man in Situationen, in denen man das Gefühl hat, sich frei zu entscheiden, obgleich man sich gegen all das wendet, was einem die Vernunft, das Denken, die Voraussicht über die

Konsequenzen des eigenen Handelns sagt – und sich dennoch völlig authentisch fühlt. Ich denke da etwa an Luther vor dem Reichstag. Er hat nicht argumentiert für seine Thesen, er hat keine Gründe angeführt. Er hat nur gesagt: Hier stehe ich und kann nicht anders. Oder in vielen wichtigen Lebensentscheidungen hast du das Gefühl: ich muss das jetzt tun, egal, was mir mein Denken an Argumenten dagegen liefert. Oft ist es so, wenn du Dinge aus Liebe zu einem Menschen tust. Du hast schon etliche Male erlebt, dass du und diese Frau nicht miteinander klarkommen. Aber du sagst dir: Wenn ich es jetzt nicht noch einmal versuche, werde ich mir mein Leben lang Vorwürfe machen. Vielleicht ist Freiheit das Handeln aus der eigenen Identität heraus? Ein Handeln, das nicht nur aus der Sicht des jetzigen Zeitpunkts, sondern unter dem Blickwinkel meines ganzen Lebens notwendig ist.

L.Z.: Oder sogar unter dem Blickwinkel der Unendlichkeit, wie Spinoza sagen würde. Du hast sicher recht mit diesem Verständnis von Freiheit. Ich würde nur hinzusetzen: Du handelst in diesen Zeitpunkten nicht aus deiner Identität, sondern aus dem Bewusstsein deiner Identität heraus, aus deinem Selbstbewusstsein im eigentlichen Sinne des Wortes. Und das ist der vornehmste Teil der Vernunft, von der Spinoza oder Hegel sprechen. Es ist natürlich auch das Bewusstsein deiner Gefühle, deines Wollens. Und umgekehrt sind die Ideen des Denkens auch konstitutiv für dein Fühlen und Wollen. Vernunft meint in diesem Sinne sicher nicht das abstrakte Denken des Verstandes. Steiner[32] meint zum Beispiel, dass es ihm ganz fern läge, „nur diejenigen Handlungen als im höchsten Sinne menschlich hinzustellen, die aus dem abstrakten Urteil hervorgehen [...] Aber sobald sich unser Handeln heraufhebt aus dem Gebiete der Befriedigung rein animalischer Begierden, sind unsere Beweggründe immer von Gedanken durchsetzt. Liebe, Mitleid, Patriotismus sind Triebfedern des Handelns, die sich nicht in kalte Verstandesbegriffe auflösen lassen. Man sagt: das Herz, das Gemüt treten da in ihre Rechte. Ohne

---

[32] Steiner, R., Die Philosophie der Freiheit, Dornach: Rudolf-Steiner-Verlag 1987

Zweifel. Aber das Herz, das Gemüt schaffen nicht die Beweggründe des Handelns [...] Der Weg zum Herzen geht durch den Kopf. Davon macht auch die Liebe keine Ausnahme. Wenn sie nicht bloße Äußerung des Geschlechtstriebes ist, dann beruht sie auf den Vorstellungen, die wir uns von dem geliebten Wesen machen. Und je idealistischer diese Vorstellungen sind, desto beseligender ist die Liebe."

A.M.: Andersherum gesagt schafft der Kopf aber allein auch nicht diese Beweggründe, wenn sie nicht im Herzen beginnen, vielleicht sogar, wenn sie nicht die Kraft der animalischen Begierden nutzen. Um es wieder auf die Ebene der Hirnforschung zu bringen: Die bewusst arbeitenden Zentren unseres Gehirns etablieren unsere Identität nicht im Alleingang, sondern in Abstimmung mit den meisten unbewusst arbeitenden Zentren unseres Gehirns.

L.Z.: Das meinte ich ja eben mit dem möglichen Verdienst der Hirnforschung, das Bild eines rein rational verstandenen „Ich" zu relativieren. Ein anderer Aspekt, den die neue Diskussion um die Freiheit wieder einmal in unser Bewusstsein ruft, ist der nach dem tatsächlichen Ausmaß menschlicher Freiheit, von dem wir auszugehen berechtigt sind. Eigentlich haben wir uns ja die ganze Zeit nur darüber unterhalten, ob denn Freiheit möglich ist. Eine ganz andere Frage ist, ob und wann Menschen wirklich frei sind. Auch die Hirnforschung zeigt uns, dass sich Menschen nicht mit ihrem vierzehnten oder achtzehnten Lebensjahr kraft BGB oder Grundgesetz in freie Wesen verwandeln. Wie schon Freuds Psychoanalyse zeigt auch die Hirnforschung, dass menschliche Freiheit nur allzu oft eine Illusion ist. Zunächst und zumeist können wir tatsächlich nicht anders als wir sind. Wirkliche Freiheit muss errungen werden. In diesem Sinne mag auch Singers Vorschlag zur Überprüfung unserer Rechtspraxis gerechtfertigt sein.

A.M.: Und wann ist man – wirklich – frei?

L.Z.: Ich denke, Steiner würde Singer dahingehend zustimmen, dass Triebfedern des Handelns nicht selten völlig von den unbewussten Instanzen unseres Seelenlebens bestimmt und somit keineswegs frei sind. Er würde selbst viele solcher Handlungen noch nicht im vollen Wortsinne „frei" nennen, die in Gedanken und Vorstellungen ihre Motive und in praktischen Erfahrungen ihre Triebfedern haben. Erst solche Handlungen sind für Steiner wirklich frei, die in begrifflichen Intuitionen, im Ideengehalt der Handlung selbst Motiv und Triebfeder finden: Handlungen „deren Grund aus dem ideellen Teil meines individuellen Wesens hervorgeht".

A.M.: Aus dem Geistigen also...

L.Z.: ...so ist es. Mein Bewusstsein von den Ursachen, Konsequenzen und Umständen meiner Handlungen, aber auch das Bewusstsein meiner Gefühle, Wünsche und Bedürfnisse, meiner körperlichen Verfassung begründen die Möglichkeit der Freiheit. Erst das Bewusstsein des Ideengehalts einer Handlung, sozusagen des Guten, Wahren und Schönen dieser Handlung, begründet wirkliche Freiheit.

A.M.: Es bleibt die Frage, ob es wirklich die geistige Welt ist, die unser Bewusstsein des Guten, Wahren und Schönen bestimmt – oder eher das Zusammenspiel zwischen Großhirnrinde und limbischem System.

L.Z.: Oder die geistige Welt in Form des Zusammenspiels von Großhirnrinde und limbischem System?

BEWUSSTSEIN
ODER
DIE INTEGRATION DES MANNIGFALTIGEN

A.M.: Das Bewusstsein hat für dich aber nicht nur im Zusammenhang des Freiheitsbegriffes Bedeutung?

L.Z.: Nein. Ich denke, dass das Bewusstsein letztlich auch eine unumstößliche Evidenz für den Unterschied zwischen Gehirn und Seele begründet.

A.M.: Dafür muss man erst mal klären, was Bewusstsein ist.

L.Z.: Das versucht die Philosophie seit zwei Jahrtausenden ...

A.M.: ... indem sie sich in immer neue Spitzfindigkeiten verrennt. Eine hinreichende Näherung an dieses Problem ist aber gar nicht so schwer.

L.Z.: Jetzt kommt irgendwas mit „erstens, zweitens, drittens ... "

A.M.: Warum nicht?[33] Tatsächlich denke ich, dass Bewusstsein sich durch drei Eigenschaften auszeichnen lässt: Es ist erstens hochgradig differenziert, mannigfaltig. Allein wenn ich aus dem Fenster schaue, habe ich eine Unmenge von Empfindungen. Ich sehe die Bäume in meinem Garten, die Wiese, das Haus meiner Tante, den Haselnussbusch mit all seinen Blättern, die Vögel in den Zweigen, rieche den Duft der Blumen, höre das Zwitschern der Vögel, spüre den Wind auf meiner Haut und die Wärme der Sonne, denke dabei an Gott und die Welt... Dabei ist aber all das – zweitens – trotzdem vollkommen integriert. Ich nehme nicht all das einzeln war, sondern es entsteht ein einheitliches Empfinden mit all diesen Details, in deren Mittelpunkt ich mich selbst mehr oder minder empfinde. Diese Integriertheit erstreckt sich auch über die Zeit. Ich erlebe all das als einen Fluss von Empfindungen, der aus dem Zeitpunkt vor fünf Minuten, als die Amsel gesungen hatte, und heute morgen, als die Sonne aufgegangen war, hervorgegangen ist. Dieses Empfinden ist dabei – drittens – durch und durch subjektiv. Das heißt, du würdest das völlig anders empfinden als ich.

L.Z.: Gut, ich vielleicht nicht. Dies ist ja ein Selbstgespräch.

A.M.: Na gut, jemand anders als wir...

L.Z.: Und diese drei Merkmale wirst du mir jetzt sicher erklären wollen.

A.M.: So ist es. Beschränken wir uns der Einfachheit halber auf die Wahrnehmung. Die enorme Menge der einzelnen „Merkmale" der Umwelt rekonstruiert das Gehirn in Form der Häufigkeit der Aktionspotenziale merkmalsselektiver Zellen: die vielen Kanten, Farben, Formen, Bewegungen und räumlichen Beziehungen, die wir sehen,

---

[33] Edelman, G.M., G. Tononi, A Universe of Consciousness. How Matter Becomes Imagination, New York: basic Books 2000

die Geräusche, Gerüche, Temperaturempfindungen am Fenster und im Garten. Das macht die hochgradige Differenziertheit und Mannigfaltigkeit unseres Bewusstseins aus. Die Bindung dieser vielen „Merkmale" zu „Objekten" und „Szenen" konstruiert das Gehirn in Form der Synchronisation der zeitlichen Abfolge dieser Aktionspotenziale zwischen Gruppen merkmalsselektiver Zellen. Wenn du ein Blatt am Haselnussbusch gerade besonders beachtest, weil es im Wind schaukelt, dann entsteht dieser Eindruck durch die Korrelation der Aktivität vieler Gruppen von Nervenzellen, die selektiv für Umrisse, Farbe, Form, Bewegung, vielleicht sogar Wissen über die Funktion des Blattes sind. Ebenso wichtig ist, dass deren Aktivität in gewissem Maße dekorreliert ist mit der Aktivität all der Zellgruppen, die auf Merkmale der unmittelbaren Umgebung reagieren. Die Aktivität der Zellen, die auf dieses Blatt reagieren, ist jedoch mit der Aktivität dieser Zellen, die auf die Merkmale der unmittelbaren Umgebung des Blattes reagieren und anderer Gruppen von Zellen korreliert, die von Merkmalen des Haselnussstrauches erregt werden, wenn auch in anderer Form als jene des Blattes. Die Zellpopulationen, die für die Merkmale des Haselnussstrauches selektiv sind, stehen wieder in anderen zeitlichen Zusammenhängen mit jenen, die für all die anderen visuellen Eindrücke, für die Geräusche, Düfte und Wärmeempfindungen zuständig sind. Diese hochdifferenzierte zeitliche Abstimmung der Aktivität von endlos vielen Gruppen von Nervenzellen zu einem globalen Erregungsmuster bewirkt die Einheitlichkeit und Integriertheit unseres Bewusstseins. Dabei erfolgt eine Konkurrenz der möglichen Erregungsmuster wieder auf Grund der ganz individuellen Verschaltung des jeweiligen Gehirns im Ergebnis der in der Lebensgeschichte des jeweiligen Menschen selektierten re-entranten Projektionen von Axonen zwischen Gruppen von Nervenzellen, der gebildeten synaptischen Verbindungen und ihrer Übertragungseffizienz. Einbezogen sind in diese Synchronisation auch Gruppen von Zellen, die den aktuellen Zustand gefühlsmäßig bewerten, vergangene Zustände als Erinnerungen reproduzieren und vielleicht Handlungen auslösen. Den Hintergrund der nicht integrierten Aktivität bildet praktisch die Verschaltung sämtlicher Nervenzellen unseres Gehirns. Und auch dies ist völlig individuell. Das macht die Subjektivität des Bewusstseins aus, durch die du dich im Mittelpunkt der ganzen Szene erlebst.

L.Z.: Damit willst du im Ernst den ungeheueren Reichtum unseres bewussten Seelenlebens erklären?

A.M.: Ich weiß, das ist schwer vorzustellen. Aber dieser Komplexität unseres Seelenlebens liegt eine geradezu unvorstellbare Komplexität unseres Gehirns zugrunde. Diese Prozesse, die in meiner Darstellung vielleicht etwas einfach klingen, beruhen tatsächlich auf dem Zusammenspiel von 30.000.000.000 Neuronen unserer Großhirnrinde, von denen die meisten 1.000 bis 10.000 Synapsen haben. Es gibt also allein in der Großhirnrinde insgesamt etwa 50.000.000.000.000 Synapsen, die diesen Selbstorganisationsprozessen zugrunde liegen. Nur mal zum Vergleich: Würde man eine Synapse pro Sekunde zählen, wäre man damit 32.000.000 Jahre beschäftigt. Die Anzahl der möglichen Verschaltungen beträgt etwa 101.000.000. Wenn du bedenkst, dass es in unserem Universum „nur" 1079 Atome gibt, so kann man die etwas paradoxe Formulierung wählen, dass unser Gehirn um astronomisch viele Größenordnungen komplexer ist als die Galaxis, in der es entstanden ist. Noch größer werden diese Zahlen, wenn man einbezieht, das unser Gehirn insgesamt auf etwa 120.000.000.000 Neuronen kommt. Wenn du diese Komplexität auch nur im Entferntesten erahnen kannst, dann wird dir deutlich, dass unser Gehirn durchaus das Organ unserer Seele sein kann.

MATERIALISMUS
ODER
DAS RÄTSEL DER SUBJEKTIVITÄT

L.Z.: Ich bestreite nicht, dass das Gehirn das Organ der Seele ist. Ohne Gehirn könnte die Seele nicht auf der Welt sein. Das Gehirn vermittelt die Empfindungen der Seele, das Gehirn begleitet das Wahrnehmen, Denken, Fühlen und Wollen der Seele. Das Gehirn vermittelt die Bewegungen des Körpers, die Sprache, das Ausdrücken von Gefühlen.

A.M.: Das Gehirn ist nicht das Organ der Seele. Das Gehirn ist die Seele. Oder genauer gesagt: Die neuronale Aktivität des Gehirns ist die Seele.

L.Z.: Gut, dann gehen wir mal von der philosophischen Seite an deine Theorie heran.

A.M.: Jetzt bin ich aber gespannt!

L.Z.: Kannst du auch! Die Position, die du vertrittst, nennt man in der aktuellen philosophischen Diskussion „Materialismus", „Physikalismus" oder auch „Reduktionismus". Man geht, wie auch du es tust, davon aus, dass Seelisch-Geistiges nichts anderes ist als die physikalisch-chemischen Aktivitätszustände des Nervengewebes. Philosophisch gibt es mehrere Variationen dieses Themas, die sich vor allem dahingehend unterscheiden, ob unsere „alltagspsychologischen" Intuitionen über den menschlichen Geist akzeptiert werden oder nicht. Werden sie akzeptiert, spricht man von einem „retentiven" oder „erhaltenden Reduktionismus". Diese Position vertritt etwa J.R. Searle[34] : Grundeigenschaften geistiger Zustände wie ihre Subjektivität, Intentionalität und Bewusstheit, aber auch ihre Fähigkeit, Handlungen oder Bewegungen zu verursachen, sind als gegeben anzunehmen und durch die Neurobiologie zu erklären. Dies kann etwa dadurch geschehen, dass man Zustände neuronaler Aktivität als „Mikroeigenschaften" und geistige Zustände als „Makroeigen-

---

[34] Searle, J.R., Geist, Hirn und Wissenschaft, Frankfurt 1986, Searle, J.R., Intentionalität, Frankfurt 1987

schaften" betrachtet. Searle vergleicht dies etwa mit den Wechsel-
wirkungen von Wassermolekülen als deren Mikroeigenschaften und
der Flüssigkeit des Wassers als Makroeigenschaft. Die Wechselwir-
kungen der Wassermoleküle verursachen die Flüssigkeit des Wassers,
die allerdings auch nichts anderes ist als eben dieses Verhalten der
Wassermoleküle, wenn man es auf einer makroskopischen Ebene
betrachtet. Ebenso verursacht die Aktivität der Neuronen die geistig-
seelischen Zustände, die ihrerseits aber auch nichts anderes sind als
diese Aktivität, wenn man sie auf einer Makroebene betrachtet.

A.M.: Das ist aber arg einfältig gedacht. Ich denke, dass das Konzept,
was ich dir eben vorgestellt habe, wesentlich komplexer ist.

L.Z.: Searle ist eben auch „nur" Philosoph.

A.M.: Sorry. Aber gibt es noch eine andere Form des Materialismus?

L.Z.: Jawohl. Und zwar den eliminativen Reduktionismus. Vertreten
wird er etwa von Patricia Churchland[35]. Ihm zufolge könnte es auch
sein, dass künftige neurobiologische Forschung die Grundannahmen unserer Alltagspsychologie als schlichtweg falsch erweist. Es
gäbe dann seelisch-geistige Zustände im Sinne dieser Alltagspsychologie einfach nicht. Während also im Dualismus beispielsweise
Schmerz eine Erregung der Geistsubstanz wäre, würde man als re-
tentiver Reduktionist Schmerz als subjektive, individuelle, bewusste
und intentionale Makroeigenschaft betrachten, der auf der Mikro-
ebene die Erregung bestimmter Nervenzellen und die Ausschüttung verschiedener Botenstoffe entspricht, während man Schmerz
als eliminativer Reduktionist in seiner Subjektivität, Intentionalität
und Bewusstheit unter Umständen einfach leugnen würde und behaupten, dass das, was wir bislang Schmerz nannten, nichts anderes
ist als die Erregung bestimmter Nervenzellen und die Ausschüttung
verschiedener Botenstoffe.

A.M.: Ist man auch eliminativer Materialist, wenn man die Freiheit des
Willens bestreitet?

---

[35] Churchland, P.S., Neurophilosophy, Cambridge 1986

L.Z.: Durchaus. Unserer Alltagspsychologie zufolge ist unser Bewusstsein Urheber unserer Handlungen. Wenn ein Hirnforscher also die Behauptung aufstellt, dass Handlungsentscheidungen unbewusst erfolgen, akzeptiert er diese Annahme der Alltagspsychologie nicht, argumentiert also eliminativ-materialistisch.

A.M.: Woher kommen die Begriffe „retentiv" und „eliminativ"?

L.Z.: „Retentiv" heißt „erhaltend". In dieser Form des Materialismus wird die herkömmliche wissenschaftliche Psychologie oder auch die Alltagspsychologie auf die Neurobiologie reduziert, ohne sie zu verändern. Sie bleibt also erhalten. Im eliminativen Materialismus werden die Grundannahmen dieser Psychologie im Rahmen der Reduktion hingegen eliminiert, also als unzutreffend abgewiesen.

A.M.: Gut. Und diese Position willst du jetzt kritisieren?

L.Z.: Jawohl. Vielleicht fange ich so an: Ich kann mit deinem Satz „Die Seele ist neuronale Aktivität" nichts anfangen. Genauer: Ich verstehe ansatzweise, was Seele ist. Ich verstehe nach deiner Erklärung auch einigermaßen, was neuronale Aktivität ist. Ich verstehe aber nicht das Wörtchen „ist" in diesem Satz.

A.M.: Was kann denn klarer sein als dieses „ist"?!

L.Z.: Es gibt in der Tat Fälle, in denen die Verwendung dieses Wortes völlig klar ist: Wenn ich etwa sage: Du bist ein Mann. Du bist Biologe. Dann sind „ein Mann" und „Biologe" Eigenschaften, von denen man weiß, inwiefern sie sich auf ein Subjekt beziehen können. Wenn ich sage „Johnny Depp ist Dead Man", dann weiß ich, inwiefern diese beiden Personen identisch sein können. Schwieriger wird das schon bei Sätzen wie „Masse ist Energie". Hier braucht man schon eine ganze Menge physikalisches Grundlagenwissen, um diesen Satz wirklich verstehen zu können. Und die meisten Menschen werden diesen Satz zwar schon oft gehört, aber nie im strengen Sinne verstanden haben. Dein Satz „Die Seele ist neuronale Aktivität" sollte heute, möchte ich behaupten, allen Menschen, selbst Neurobiologen, so unklar sein, wie der Satz „Masse ist Energie" es Isaac Newton gewesen wäre.

A.M.: Das musst du mir schon etwas genauer erklären!

L.Z.: Der amerikanische Philosoph Thomas Nagel[36] hat einmal versucht, dies an der Frage zu verdeutlichen „Wie ist es, eine Fledermaus zu sein?" Wir wissen eine ganze Menge über die neuro- und verhaltensbiologischen Grundlagen der Echoortung von Fledermäusen. Können wir aber auf Grund dieses Wissens auch nur die mindeste Vorstellung darüber gewinnen, wie es „für" eine Fledermaus ist, ihre Welt auf diese Art und Weise wahrzunehmen? Anders als im Falle einer Fledermaus haben wir eine gewisse Vorstellung davon, „wie es ist, ein Mensch zu sein", unsere Welt wahrnehmend, denkend, fühlend und wollend zu erleben. Vor diesem Erfahrungshintergrund können wir durchaus die bisherigen und künftigen Ergebnisse neuro- und verhaltenswissenschaftlicher Forschung als „Korrelationen" unseres Erlebens interpretieren. Ohne diesen Erfahrungshintergrund würden wir aber diesen Ergebnissen am Menschen ebenso hilflos gegenüberstehen wie im Falle der Fledermaus. Die Perspektive des Neurobiologen, der das Gehirn von Menschen oder Fledermäusen untersucht und die Perspektive des Menschen und der Fledermaus selbst sind so verschieden, dass eine Identifikation der neuronalen Aktivität, die der eine beschreibt, und der seelischen Zustände, die die oder der andere erlebt, mit jenem simplen Wort „ist" schlichtweg unverständlich ist.

A.M.: Wenn ich doch nun aber auf Grund meiner neurobiologischen Theorie genauestens erklären kann, wann, unter welchen Umständen und warum es zu eben diesen Erlebnissen kommt?

L.Z.: Selbst wenn das möglich wäre, dann hättest du noch keinen Zugang zu jener Perspektive der Fledermaus oder des Menschen. Alles, was du über das Seelenleben eines Menschen weißt, weißt du, weil du selbst ein Mensch bist, nicht auf Grund deiner neurobiologischen Erkenntnisse. Noch deutlicher wird diese Intuition vielleicht in einem Gedankenexperiment von Frank Jackson[37]:

---

[36] Nagel, T., What is it like to be a bat? Philosophical Review 83, 435-450 (1974)

[37] Jackson, F., Epiphenomenal qualia, Philosophical Quaterly 32, 127-136 (1982)

Stellen wir uns eine Neurobiologin namens Mary vor. Sie hat ihr ganzes Leben über in einem Raum gelebt, in dem man genauestens darauf geachtet hat, dass es dort keine Farben gibt, sondern nur Schattierungen von weiß, grau und schwarz. Ihre Informationen über die äußere Welt wurden ihr durch Schwarz-Weiß-Fernsehen übermittelt. Stellen wir uns weiter vor, dass sie auf die eine oder andere Weise alles über das Gehirn erfahren hat und darüber, wie es funktioniert. Sie kann die Natur des Denkens, Fühlens und Wahrnehmens, einschließlich des Wahrnehmens von Farben neurowissenschaftlich vollkommen erklären. Stellen wir uns nun weiter vor, dass sie eines Tages aus ihrem Raum entlassen wird und das erste Mal einen blauen Himmel, eine grüne Wiese, bunte Blumen sieht. Würde sie nicht mit dieser Erfahrung ein völlig neues Wissen gewinnen? Ein Wissen, das also nicht enthalten ist in ihrem Wissen über das Gehirn und das visuelle System? Vorausgesetzt also, sie weiß beispielsweise alles über die neuronalen Zustände, die auftreten, wenn jemand eine rote Tomate sieht, würde sie dennoch nicht wissen „wie es ist, rot zu sehen". Ihre utopische Neurowissenschaft kann etwas im Erleben eines Menschen nicht erfassen, weil es eben keine Eigenschaft des Gehirns ist. Wiederum kann aus der Perspektive neurowissenschaftlicher Forschung etwas – nun recht konkret fassbares – nicht verstanden werden, was nur über die in unserem eigenen Erleben wurzelnden Perspektive zugänglich ist: die Qualität „rot". Man nennt dies das „Qualia-Problem".

A.M.: Irgendwie erinnerst du mich an die Begegnung des gestiefelten Katers mit dem Zauberer: „Oh großer Zauberer, ich glaube erst, dass du der größte Zauberer der Welt bist, wenn du dich auch in so etwas Klitzekleines wie eine Maus verwandeln kannst!" Und der Zauberer ist drauf reingefallen und wurde gefressen. Nagel und Jackson sagen doch auch nichts anderes: Du hast das Bewusstsein der Fledermaus erst dann erklärt, wenn du, oh großer Neurowissenschaftler, das Bewusstsein einer Fledermaus angenommen hast! Denn erst dann weißt du, wie es ist, eine Fledermaus zu sein! Du hast die Farbwahrnehmung erst dann erklärt, oh Mary, wenn du ein farbwahrnehmender Mensch geworden bist. Aber Wissenschaftler sind nun mal keine Zauberer. Man verlangt doch auch von einem Meteorologen nicht, dass er sich in einen Sturm verwandelt, wenn er seine Entstehung erklären will. Man hat den Sturm erklärt, wenn man ihn hinreichend beschreiben kann und alle Ursachen seiner Entstehung kennt. Man hat das Problem der Subjektivität erklärt, wenn man die Dynamik der neuronalen Ereignisse beschrieben hat, aus denen Bewusstsein besteht. Man hat erklärt, dass es irgendwie ist, eine Fledermaus zu sein, wenn man die Dynamik eines Fledermausgehirns verstanden hat. Man hat die Farbempfindung erklärt, wenn man die Dynamik der neuronalen Aktivität bei der Wahrnehmung einer Farbe erklärt hat. Man hat die Subjektivität des menschlichen Bewusstseins erklärt, wenn man die Dynamik des menschlichen Gehirns verstanden hat. So funktioniert nun mal Wissenschaft – egal ob sie Elementarteilchen, das Wetter oder Gehirne erforscht.

L.Z.: Da hast du mich missverstanden. Es geht nicht darum, die Perspektive einer Fledermaus einzunehmen oder eines Menschen, der Rot empfindet. Man nennt diese Argumente nicht umsonst „Argumente des unvollständigen Wissens". Es geht darum, alles zu wissen, was es über diese Perspektive zu wissen gibt. Und der Fledermaus-Neurobiologe weiß aus seiner Perspektive etwas Entscheidendes nicht: Nämlich, wie es ist, eine Fledermaus zu sein. Und Mary weiß etwas ebenso Entscheidendes nicht: Nämlich, wie es ist, „Rot" zu empfinden.

A.M.: Gut. Ich glaube, ich habe dein Problem verstanden. Ich denke aber, dass eine Erklärung der Seele als neuronale Aktivität in der Lage sein wird, jenes Wissen zu erschließen, ohne die Perspektive des erlebenden Wesens einnehmen oder auf sie Bezug nehmen zu müssen. Sie muss hierfür im Falle der Fledermaus lediglich aus der Perspektive des Neurobiologen zeigen, wie im Gehirn der Fledermaus das Erleben eines Nachtfalters zustande kommt. Sie muss im Falle eines farbempfindenden Menschen auf Grundlage einer neurobiologischen Theorie aus der Perspektive des Neurobiologen zeigen können, wie eine Farbempfindung in der Perspektive des farbempfindenden Menschen zustande kommt.

L.Z.: Genau. Aber eben das kann deine Theorie nicht.

MARY
ODER
DIE ILLUSION DER QUALIA

A.M.: Doch! Ich denke nämlich, dass diese Argumente, die vom Qualia-Problem ausgehen, zwei unzulässige Vereinfachungen vornehmen.

L.Z.: Ich weiß schon: Alles ist viel komplexer.

A.M.: So ist es: Aber ich erkläre dir das jetzt auch genau. Zunächst einmal: Es gibt keine Farbempfindung isoliert von der Wahrnehmung eines Gegenstandes, einer Form, einer Oberfläche. Es gibt eine Wahrnehmung einer roten Tomate, eines roten Ampellichtes, von roten Lippen, aber nicht von „Rot an sich", von „reinem Rot" oder so was. Selbst wenn du nur auf eine rote Leinwand schaust oder in einem rot ausgeleuchteten Raum sitzt, dann siehst du nicht Rot, sondern eben eine rote Leinwand oder einen roten Raum.

L.Z.: Einverstanden; aber was hat das mit unserem Problem zu tun?

A.M.: Das wirst du gleich sehen. Zweitens vereinfacht die Kritik nämlich den Forschungsstand der Neurobiologie.

L.Z.: Dann erkläre mir den mal!

A.M.: Gerne. Fangen wir mit ein paar Grundlagen an: Kommen wir etwas genauer auf das Wissen deiner Neurobiologin Mary über die Farbwahrnehmung zurück. Entwerfen wir mal ein ganz einfaches Modell, was dabei im Auge geschieht: Die Netzhaut unseres Auges besteht im Wesentlichen aus drei Schichten: der Sinneszellschicht, die merkwürdigerweise die am tiefsten liegende ist, die darüber gelagerte Schicht von Bipolar-, Amakrin- und Horizontalzellen und die

Ganglienzellschicht. Die Sinneszellschicht enthält zwei Klassen von Sinneszellen: die sehr lichtempfindlichen, aber auf keine bestimmte Wellenlänge spezialisierten Stäbchen und die weniger lichtempfindlichen, aber auf bestimmte Wellenlängenbereiche spezialisierten Zapfen.

L.Z.: Gut, das kenne ich noch aus der Schule.

A.M.: Klasse. Also weiter: Diese Sinneszellen haben nun eine etwas merkwürdige Funktionsweise. Sie enthalten ein lichtempfindliches Pigment, einen Sehfarbstoff. Solange Licht auf die Zapfen oder Stäbchen fällt, haben sie ein im Vergleich zu Nervenzellen stark positives Ruhepotenzial, bei dem sie Neurotransmitter ausschütten. Wenn der Farbstoff Licht absorbiert, dann zerfällt er und setzt eine Signalkette in Gang, die nicht zu einer Umkehr, sondern zu einer Hyperpolarisation des Potenzials führt, bei dem kein Neurotransmitter mehr ausgeschüttet wird.

L.Z.: Hä?

A.M.: Das heißt, diese Sinneszellen sind eigentlich im Dunkeln aktiv und werden durch Licht gehemmt. Eigentlich sind unsere Zapfen und Stäbchen also „Dunkelsinneszellen"! Ich weiß: Das ist ziemlich verwirrend. Ich werde dieses Problem umgehen, indem ich mich immer auf den Zerfall des Sehfarbstoffes beziehe, was ja noch ganz nachvollziehbar im Licht geschieht – auch wenn meine Ausdrucksweise dann etwas umständlich wird.

L.Z.: Ich bitte dich darum!

A.M.: Der Neurotransmitter, den die Zapfen und Stäbchen nun ausschütten oder eben nicht, bewirkt eine Hemmung oder Erregung nachgeschalteter Zellen, bei der auch eine erste Verarbeitung erfolgt. Das „Ergebnis" dieser Vorverarbeitung wird von den Ganglienzellen über den Sehnerv zum Gehirn geleitet. Werden die Sinneszellen nicht mehr belichtet, dann wird der Sehfarbstoff regeneriert. Dies geschieht in der Dunkelheit, aber auch schon dann, wenn wir im Hellen dunkle Oberflächen betrachten. Für die Farbwahrnehmung können wir uns jetzt auf die Zapfen beschränken. In unserer

Netzhaut gibt es drei Typen davon, die verschiedene Sehfarbstoffe enthalten: Erythrolabe, Chlorolabe und Cyanolabe. Erythrolabe hat ein Empfindlichkeitsmaximum bei langwelligem Licht, also bei Licht, das ein normaler Mensch unter normalen Bedingungen rot wahrnimmt. Chlorolabe ist am empfindlichsten für Licht mittlerer Wellenlänge, also für Licht, das ein normaler Mensch unter normalen Bedingungen grün wahrnimmt. Cyanolabe hat ein Empfindlichkeitsmaximum bei kurzwelligem Licht, also bei Licht, dass ein normaler Mensch unter normalen Bedingungen als blau(violett) empfindet. Man nennt diese drei Zapfentypen nach den entsprechenden Wellenlängen L-, M- und S-Zapfen – für long, medium und short. Zur besseren Orientierung kann man sie aber auch nach den unter normalen Umständen auftretenden Farbempfindungen R-, G- und B-Zapfen nennen – für rot, grün und blau. Wie diese Zapfen mit den folgenden Zellen der Netzhaut verschaltet sind, ist zur Zeit noch nicht klar. Auch die vorhandenen theoretischen Modelle erklären nicht alle Farbphänomene, die man beobachten kann. Ich gehe daher jetzt mal von dem einfachsten denkbaren Modell aus. Diesem Modell zufolge gibt es zwei „Farbkanäle": ein Rot-Grün-Kanal und ein Blau-Gelb-Kanal. Über den Rot-Grün-Kanal wird die Aktivität der R- und G-Zapfen miteinander verglichen. Dabei entsteht eine Rotempfindung, wenn in den R-Zapfen mehr Sehfarbstoff zerfällt als in den G-Zapfen. Es entsteht eine Grünempfindung, wenn mehr Pigment in den G-Zapfen zerfällt. Komplizierter aufgebaut ist der Blau-Gelb-Kanal. Hier wird die Aktivität der R- und G-Zapfen mit der Aktivität der Blauzapfen verglichen. Es entsteht eine Blauempfindung, wenn mehr Sehfarbstoff in den Blauzapfen zerfällt und eine Gelbempfindung wenn mehr Farbstoff in den R- und G-Zapfen zerfällt – oder eben eine Grün- oder Rotempfindung wenn R- und G-Zapfen unterschiedlich aktiv sind. Keine Farbempfindung tritt jeweils bei gleicher Erregung aller Zapfen auf. Wir nehmen dann, je nach Lichtintensität, weißes oder graues Licht wahr. Die Ganglienzellen mischen also sozusagen die drei Grundfarben rot, grün und blauviolett zu den anderen uns bekannten Farben.

L.Z.: Halt mal. Die Grundfarben sind doch Gelb, Rot und Blau. Grün kann ich doch aus Blau und Gelb mischen, Gelb hingegen aus keinen anderen Farben.

A.M.: Nein, diese Farbmischungen ergeben sich, wenn du Farbpigmente in einer Palette oder auf dem Papier mischst. Man nennt das dann auch subtraktive Farbmischung. Unserer Farbempfindung liegen die grundlegenderen additiven Farbmischungen zugrunde, die sich ergeben, wenn man Licht direkt mischt, also etwa, wenn man zwei bis drei Diaprojektoren auf eine weiße Wand richtet und mit Folien verschiedener Farben versieht. Man kann sich die gleichen Effekte aber auch an einer Bühnenbeleuchtung deutlich machen. Mischt man grünes Licht, das vom Farbstoff der G-Zapfen absorbiert wird, mit rotem Licht, für das der Farbstoff der R-Zapfen empfindlich ist, dann ergibt sich gelbes Licht. Mischt man rotes mit blauem Licht ergibt sich Purpur, mischt man grünes mit blauem Licht, erhält man türkis. Mischt man rotes, blaues und grünes Licht so, dass alle drei Zapfentypen gleichmäßig erregt oder eben gehemmt werden, erhält man weißes Licht.

L.Z.: Ach ja, ich erinnere mich! Klingt ja alles ganz logisch.

A.M.: ... ist aber wie gesagt nur ein ganz einfaches Modell für unsere Zwecke. Es erklärt beispielsweise nicht den seltsamen Umstand, dass das rote und blaue Ende des Spektrums zunehmend ähnlicher werden.

L.Z.: Dennoch bin ich dir dankbar für diese Vereinfachung.

A.M.: Das Ergebnis dieser „Farbmischungen" durch die Netzhaut wird über den Sehnerv zu nachgeschalteten Nervenzellen im Corpus geniculatum laterale des Thalamus und von dort zum primären Sehzentrum der Großhirnrinde übertragen, in der sich weitere dieser so genannten „Gegenfarbenzellen" finden. In den folgenden Arealen der Sehrinde, wie zum Beispiel IT, findet man dann auch Zellen, die eine Farbkonstanz zeigen, die also auch bei unterschiedlicher Beleuchtungsfarbe noch spezifisch auf eine bestimmte Oberflächenfarbe reagieren.

L.Z.: Interessant, aber wieso soll das nun die Subjektivität einer Rotempfindung erklären?

A.M.: Bis jetzt kann es das nicht. Wenn jemand behaupten würde, man kann mit dem, was ich bisher erzählt habe, eine Rotempfindung erklären, dann könnte man sich tatsächlich fragen: Und warum sollen diese Zellen eine Rotempfindung repräsentieren und eine rotempfindliche Fotodiode nicht? Nein. Wir müssen diese Grundlagen nun mit dem verbinden, was ich über das Zusammenspiel vieler Gruppen von Nervenzellen bei der Entstehung des Bewusstseins erklärt habe: Nehmen wir der Einfachheit halber an, dass eine bestimmte Gruppe von Nervenzellen in Großhirnrinde und Thalamus beim Anblick eines roten Gegenstandes aktiv ist – bei Marys roter Tomate vielleicht. Diese Nervenzellen werden ihre Aktivität nun im Rahmen des genannten Selbstorganisationsprozesses mit vielen anderen Gruppen von Nervenzellen in verschiedenem Maße stärker synchronisieren und mit noch mehr anderen Gruppen eher desynchronisieren. Die Aktivität dieser Gruppe rotempfindlicher Nervenzellen wird so eingebunden in einen globalen Aktivitätszustand des Gehirns, in dem sie integriert werden mit der Aktivität von Neuronengruppen, die etwa für Form, Abstand und Bewegung dieses Gegenstandes sensitiv sind, mit solchen, die für Farbe, Form, Abstand, Bewegung der Gegenstände im Hintergrund, des Hintergrundes überhaupt sensitiv sind; aber auch mit Gruppen von Nervenzellen, die Gerüche, Geräusche, Berührungen des Körpers repräsentieren. Sie synchronisieren sich mit Zellen, die für die Bedeutung des roten Gegenstandes – seiner Essbarkeit vielleicht – zuständig sind, mit solchen, die den anderen Gegenständen und dem Raum, in dem die Person sich befindet eine Bedeutung verleihen. Aber auch mit Zellen, die bei Gedanken an die Herkunft oder den Preis dieses Gegenstandes aktiv sind. Sie synchronisieren sich mit Gruppen von Zellen, die bestimmte Bewegungen auslösen, bestimmte Bedürfnisse, bestimmte Gefühle, Erinnerungen wachrufen, Gedanken entsprechen, sprachliche Überlegungen oder sogar das Sprechen eines Wortes oder einen Ausruf bewirken. Sie desynchronisieren sich aber auch mit Gruppen von Zellen, die im Zusammenhang mit dem vor einigen Zehntelsekunden Wahrgenommenen aktiv waren. Sie bleiben desynchronisiert mit Zellen, die bei Schmerzen im Unterleib aktiv sind oder bei religionsphilosophischen Gedankengängen. Kurz gesagt: Die Gruppe von Nervenzellen, die durch die Prozesse in der Netzhaut aktiviert wurde, stellt Beziehungen zu allen möglichen Teilen des Gehirns her und gewinnt nur in der Beziehung mit all diesen Prozessen ihre subjektive Bedeutung. Unsere bewusste und subjektive Empfindung des roten Gegenstandes ergibt sich nicht nur aus den Beziehungen der Aktivität dieser Gruppe von Nervenzellen mit der Aktivität der Sinneszellen der Retina, sondern mit der Aktivität einer riesig komplexen Anzahl anderer Gruppen von Nervenzellen, sogar mit der Aktivität von Nervenzellen, die Bewegungen auslösen, zur Ausschüttung von Drüsen führen oder unser sprachliches und nichtsprachliches Verhalten steuern.

L.Z.: Und diese Subjektivität der Farbempfindung erklärst du wieder aus der Biographie des jeweiligen Menschen?

A.M.: So ist es. Diese Korrelation oder Synchronisation der Aktivitäten von Gruppen von farbselektiven Nervenzellen mit anderen Gruppen von Nervenzellen geht ihrerseits wieder hervor aus den Erfahrungen, die dieser Mensch im Verlaufe seines Lebens mit Gegenständen dieser und anderer Farben gemacht hat. Die gemeinsame Erregung dieser Gruppen von Nervenzellen bewirkt ihre wechselseitige Verschaltung über Axone und Synapsen und die Verstärkung dieser synaptischen Verbindungen.

L.Z.: Du kritisierst also an den Qualia-Argumenten, dass sie so tun, als ob eine Farbempfindung oder eine andere Empfindung ein „Atom" wäre, aus dem sich unsere Subjektivität zusammensetzt. In Wirklichkeit ist eine bestimmte Farbempfindung definiert durch ihre Wechselbeziehungen mit anderen Empfindungen, nicht nur mit anderen Farbempfindungen, sondern mit allen nur denkbaren Empfindungen, die dieser Mensch zu diesem Zeitpunkt hat und die er zu diesem Zeitpunkt nicht hatte, sondern vielleicht kurz zuvor oder vor langer Zeit. Sie ergibt sich aus ihren Beziehungen zu allen möglichen anderen seelischen Zuständen im Rahmen des Denkens, Fühlens und Wollens eines Menschen, die durch seine Lebenserfahrungen geprägt wurden. Und sein Farbempfinden ist natürlich auch bestimmt durch die Reize aus der Umwelt, aber auch durch seine Reaktionen und Handlungen, die ihrerseits das beeinflussen, was ihm aus der Welt begegnet. Auf diese Weise gewinnt seine Farbempfindung also ihre irreduzibel subjektive Perspektive.

A.M.: Gut aufgepasst!

FUNKTIONALISMUS
ODER
DIE RENAISSANCE DER RELATIONEN

L.Z.: Klasse, das überzeugt mich!

A.M.: Wie bitte? Habe ich dich so schnell zum Materialisten gemacht?

L.Z.: Keineswegs! Ist dir nicht aufgefallen, dass ich kein einziges Mal ein neurobiologisches Fachwort benutzt habe? Kein einziges Mal war etwa das Wort „neuronale Aktivität" wirklich nötig. Was du mir beschrieben hast, nennt man in der Philosophie eine „funktionelle Organisation".

A.M.: Und was ist das bitte?

L.Z.: Eine funktionale Organisation ist das Netzwerk der Beziehungen der funktionalen Zustände eines Systems. Funktionale Zustände sind gekennzeichnet durch ihre kausalen Relationen zu den Inputs des Systems, zu den Outputs des Systems und zu den anderen funktionalen Zuständen im Rahmen der funktionalen Organisation. Und genau so haben wir eben eine Farbwahrnehmung gekennzeichnet: Durch ihre Beziehungen zu anderen Zuständen des Systems Mensch wie anderen Wahrnehmungen, Gefühlen, Erinnerungen, Gedanken. Durch ihre Beziehungen zu dem, was ihm aus der Welt begegnet, den Empfindungen von Auge, Ohr, Haut, was in dieser Definition etwas technisch „Input" heißt. Und die Beziehungen zu seinen sprachlichen und nichtsprachlichen Handlungen, seinen Gefühlsausdrücken, Reaktionen in die Welt hinein, was hier ebenso technisch „Output" heißt. In der Tat ist diese funktionelle Organisation bei einem lebendigen Menschen in dessen Gehirn realisiert.

A.M.: Statt „Seele" sagt der Funktionalist also „funktionelle Organisation" und statt „ist das Gehirn" sagt er „ist realisiert im Gehirn". Statt „Aktivität von Gruppen von Nervenzellen" sagt er „funktionale Zustände". Statt „Korrelationen" sagt er „Relationen". Nichts als eine andere Wortwahl, würde ich sagen.

L.Z.: Was die „andere Wortwahl" betrifft, würde ich dir nur im Falle der Relationen zustimmen. Korrelationen sind meinem Verständnis nach statistisch verifizierte Relationen. Damit treffen wir aber exakt auf die Schwierigkeiten im Umgang mit diesem Begriff der Relation, auf die wir in unserer Diskussion über die Philosophie Hegels zu sprechen gekommen sind. Du erinnerst dich: Hegel versteht das Seelisch-Geistige nicht als eine Substanz neben dem Materiell-Physischen, sondern erfasst es eben gerade als ein System der vom Geist erzeugten Relationen des Seins. $Y = x^2$ ist eine Relation. Entscheidend sind nicht die Werte von x und y, sondern ihre Zuordnung zueinander. Kausalität ist nicht Ursache und Wirkung, sondern die Beziehung zwischen ihnen. Eine Ehe ist nicht die Summe von zwei Menschen, sondern eine Relation zwischen ihnen. Nicht die einzelnen Menschen sind entscheidend, sondern das, was sie miteinander verbindet. Gleiches gilt für die funktionale Organisation: Sie wird konstituiert durch die Relationen zwischen funktionalen Zuständen, Inputs und Outputs. Ein Zustand an sich ist in dieser Organisation ebenso bedeutungslos wie ein Input oder ein Output. Er ist an sich ein völlig bedeutungsloser Punkt. Seine Bedeutung entsteht erst durch die Relationen, die ihn mit den anderen funktionalen Zuständen, den Inputs und den Outputs verbinden. Und das macht die entscheidenden Unterschiede in der Bedeutung der von dir gleichgesetzten Worte aus: Für die funktionalen Zustände ist es im Prinzip völlig unerheblich, ob sie Zustände neuronaler Aktivität sind. Sie sind faktisch als solche realisiert, könnten es aber theoretisch auch auf ganz andere Weise sein. Für ihre Relationen ist es völlig unerheblich, dass sie als Korrelationen neuronaler Aktivität realisiert sind. Es ist zwar faktisch so. Es wäre aber auch ganz anders denkbar. Aus diesen Gründen ist die Seele als funktionale Organisation eben nicht das Gehirn. Sie ist im Gehirn realisiert. Die gleichen Beziehungen könnten aber ebenso gut in einer anderen materiellen Grundlage realisiert sein – wenn diese nur komplex genug ist: Im Siliziumgehirn eines Außerirdischen, in der intelligenten Wolke von Stanislaw Lems Solaris, vielleicht sogar in einem superkomplexen technischen System. In jedem Falle ist unser Seelenleben als funktionale Organisation wohl unterscheidbar von ihrem Gehirn als materieller Grundlage. Die Seele ist so definitiv etwas anderes als das Gehirn, in dem sie realisiert ist.

A.M.: Langsam verstehe ich, was du meinst. In der Tat stößt man auf diese Relationalität nicht erst auf der Ebene des Bewusstseins, sondern schon auf der Ebene ganz elementarer neuronaler Verschaltungen. Etwa in der Netzhaut des Auges, um auf das Farbensehen zurückzukommen. Entscheidend für das Erkennen der Farbe rot ist das Verhältnis der Aktivität von R- und G-Zapfen und nicht die Aktivität der R-Zapfen allein. Bei strahlendem Sonnenlicht zerfällt in den R-Zapfen viel mehr Pigment als beim gedämpften Licht einer Salzkristalllampe. Da aber im ersteren Fall in den G-Zapfen ebenso viel Pigment zerfällt und im letzteren nicht, sehen wir trotz des viel stärkeren Einfalls von Licht langer Wellenlänge das Sonnenlicht weiß und trotz des viel geringeren Einfalls dieses Wellenlängenanteils das Licht der Kristalllampe rot.

L.Z.: Genau!

A.M.: Wobei dies auch zeitliche Relationen sein können. Wenn ich aufmerksam eine blaue Fläche betrachte, ist diese Blauempfindung durch die Relation der Erregungen von B-, G- und R-Zapfen bestimmt. Wenn ich hinterher auf eine weiße Fläche schaue und ein gelbes Nachbild sehe, ist dies wiederum von den Beziehungen zu Blau-, Grün- und Rotempfindungen bestimmt – aber ganz wesentlich ist dieses Nachbild auch durch seine Relation zu der vorangegangenen Potenzialänderung der B-Zapfen festgelegt, bei der das blauviolettempfindliche Pigment abgebaut wurde, während das Pigment der anderen beiden Zapfenarten noch erhalten ist.

L.Z.: Und der Relation zur Blickwendung des Auges, nicht zu vergessen.

A.M.: Alles in allem sind unsere Farbempfindungen also über die momentanen und zeitlichen Relationen der Aktivität der Zapfen bestimmt und nicht durch deren Aktivität selbst.

L.Z.: Und das Erleben der Großmutter beim Stricken auf dem Schaukelstuhl, um dein Beispiel aufzugreifen, ist ebenso gekennzeichnet durch die Relationen all jener Sinnesempfindungen, die ihr Anblick in uns erregt, die das Strickzeug in ihrer Hand und der Schaukelstuhl, auf dem sie sitzt, erzeugt ...

A.M.: ... die ihrerseits wieder Relationen bestimmter Merkmale zu anderen Merkmalen sind, von denen sie sich unterscheiden oder die wir gerade wahrgenommen hatten ...

L.Z.: ... aber auch zu Gefühlen, die wir ihr gegenüber haben, zu Erinnerungen an unsere Kindheit, die wir mit ihr verbinden, zu Assoziationen, die die Atmosphäre in ihrem Wohnzimmer in uns hervorruft ...

A.M.: ... aber auch zu vielen unbewussten, tief liegenden Zuständen unseres limbischen Systems oder unseres Zwischenhirns.

L.Z.: Und das, was sich schon in der Netzhaut in der Verschaltung von einer überschaubaren Anzahl von Sinneszellen findet, setzt sich fort bis auf die Ebene der Aktivität des ganzen Gehirns bei der Realisierung des Bewusstseins: Das Bewusstsein ist ein Teil der funktionalen Organisation, die im Gehirn realisiert ist. Bewusste Zustände sind realisiert durch die mehr oder minder vorhandenen und sich in der Zeit ändernden Korrelationen der Aktivität von Gruppen von Nervenzellen. Entscheidend für unser bewusstes Erleben sind aber lediglich die Relationen zwischen unseren bewussten Erlebnissen und anderen funktionalen Zuständen, Inputs und Outputs. Nicht aber der Umstand, dass sie in Form neuronaler Aktivität realisiert sind. Bewusste Erlebnisse sind also wohl unterscheidbar von den neuronalen Prozessen, durch die sie realisiert sind.

KÜNSTLICHE INTELLIGENZ
ODER
DIE REINKARNATION AUF DER FESTPLATTE

A.M.: Klingt überzeugend. Aber auch arg theoretisch.

L.Z.: Es gibt allerdings ein technisches System, das uns eine solche Unterscheidung ganz praktisch vorführt: der Computer.

A.M.: Ich glaube es nicht: Du meinst doch nicht etwa, dass man dieses Seelenleben auch auf einem Computer reproduzieren könnte?

L.Z.: Nein, natürlich nicht. Ich meine damit nicht, dass Menschen mit Computern und ihre Seele mit einem Computerprogramm vergleichbar wäre. Ich meine lediglich, dass man sowohl bei einem funktionierenden Computer als auch bei einem beseelten Gehirn eine „funktionelle Organisation" definieren kann, die von dem materiellen „Substrat" prinzipiell verschieden ist. Die Seele des Menschen unterscheidet sich von ihrem Gehirn mindestens ebenso fundamental wie ein Computerprogramm vom Computer. Im Falle des Computers ist diese funktionelle Organisation die Gesamtheit der auf ihm laufenden Computerprogramme. Im Falle des Gehirns ist diese funktionelle Organisation viel komplexer, völlig anders organisiert, in keiner anderen Weise mit einem Computerprogramm vergleichbar als jener, dass sie von ihrer materiellen Basis, der neuronalen Aktivität, ebenso verschieden ist wie das Computerprogramm von dem Computer.

A.M.: Und was ist der Vorteil dieses Vergleiches?

L.Z.: Eben dass der Computer als ein ganz simples Modell dafür dienen kann, dass eine „nicht-materielle" Organisation unabhängig von einer bestimmten materiellen Grundlage verstanden werden kann. Ich muss auf einem Computer Programme installieren, damit er funktioniert. Ich kann sie von diesem Computer auch wieder herunterladen und etwa auf einer Diskette oder einer CD-ROM speichern und dann wieder auf einen anderen Computer aufspielen, der unter Umständen eine ganz andere Hardware-Architektur hat.

A.M.: Auch Computerprogramme reinkarnieren sich also!

L.Z.: Sehr witzig! Natürlich würde ich das nicht so nennen. Ich würde diesen Begriff für die funktionelle Organisation vorbehalten, die unsere Seele ausmacht. Das alles ist für mich, wie gesagt, nicht mehr als ein Vergleich, der zeigt, dass ich hier nicht von irgendwelchen mystischen Dingen spreche, sondern von Beziehungen, die in ganz, ganz einfacher Form schon in gängigen technischen Systemen wie dem Computer vorkommen. Was im Falle eines Menschen ein funktionaler Zustand sein kann, hast du glänzend beschrieben ...

A.M.: ... mit dem Unterschied, dass ich das alles durch die Untersuchung des Gehirns herausgefunden habe.

L.Z.: Wirklich? Dass unsere Empfindungen, Wahrnehmungen, Handlungen, Gefühle, Gedanken auf den vorhandenen oder nicht vorhandenen Korrelationen in der Aktivität neuronaler Gruppen beruhen gewiss. Dass diese Erlebnisse unserer Seele aber durch ihre Beziehungen untereinander bestimmt sind, hätte man in funktionalistischer Terminologie auch über eine Untersuchung der Inputs, Outputs und Beziehungen zu anderen mentalen Zuständen in unserem System „Mensch" herausfinden können – und zwar wesentlich einfacher. Man hätte sich mit Menschen unterhalten und ihr Verhalten beobachten müssen, vielleicht auch sich selbst in seinem eigenen Verhalten wahrnehmen. Als du mir eben deine Eindrücke am Gartenfenster erzählt hast, wusste ich mit Sicherheit mehr über deine seelischen Zustände zu diesem Zeitpunkt als ein noch so gescheiter Neurobiologe je erfahren wird, der dich zu diesem Zeitpunkt an seine Geräte angeschlossen hätte. Selbst hier ist der Vergleich mit dem Computer sinnvoll:

Wenn du wissen willst, was für ein Programm auf deinem Computer läuft, wirst du dir anschauen, was er auf dem Monitor anzeigt oder ausdruckt, wirst überprüfen, wie er auf bestimmte Tastenkombinationen reagiert. Mit Sicherheit wirst du ihn nicht auseinander bauen und die Ladungen der Chips messen. Fragt sich nur, warum du diese Vorgehensweise wählst, wenn du Menschen untersuchst, die doch nach deinen eigenen Aussagen um Größenordnungen komplizierter sind als Computer! Hinzu kommt, dass man die materielle Basis dieser funktionellen Architektur noch nicht einmal auf das Gehirn beschränken kann. Zu den funktionalen Zuständen des Menschen gehören neben den Zuständen des Gehirns auch viele des Körpers. Es macht für die jeweiligen funktionalen Zustände des Gehirns einen großen Unterschied, ob der Magen im Zustand „gefüllt" oder „leer" ist, wie hoch der Blutdruck und wie warm die Haut ist – Zustände die umgekehrt natürlich wieder von den im Gehirn realisierten funktionalen Zuständen abhängen. Das Seelenleben des Menschen ist sehr viel mehr verleiblicht als es die doch so materialistische Neurobiologie anzunehmen scheint. Vielleicht sollte ich sogar sagen „verfleischlicht".

A.M.: Wieso?

L.Z.: Weil das die wörtliche Übersetzung von „inkarniert" wäre.

A.M.: Oder vielleicht „installiert"? Die Computerprogramm-Analogie der menschlichen Seele hat ja in wissenschaftlicher Hinsicht durchaus eine wichtige Rolle gespielt und das tut sie noch immer. Ich denke da an die Künstliche Intelligenz und die kognitive Psychologie, die man oft mit anderen Wissenschaftsdisziplinen unter dem Begriff „Kognitionswissenschaft" zusammenfasst.[38] In der Künstlichen Intelligenz versucht man ja nicht nur „intelligente" Computerprogramme zu entwickeln, sondern auch menschliche Erkenntnisleistungen zu verstehen und zu simulieren. Man versucht Computer so zu programmieren, dass sie Aufgaben erfüllen, die auch von Menschen Intelligenz fordern würden, und zu untersuchen, ob sie dies mit denselben Prozessen tun,

---

[38] Simon,H.A., Invariants of Human Behavior, Annu.Rev.Psychol. 41,1-19 (1990)

die auch in Menschen ablaufen. Seit den frühen Arbeiten von Newell und Simon[39] aus den 50er Jahren hat sich aufgrund dieser Hypothese ein besonders mit Ergebnissen experimenteller psychologischer Forschung fundiertes Theoriengebäude entwickelt. In den 70er und 80er Jahren wurde dieser Ansatz dann noch beträchtlich erweitert. In der Kognitiven Psychologie waren es insbesondere Experimente zur sogenannten „mentalen Rotation"[40] , die die Annahme nahe legten, dass selbst zentrale informationsverarbeitende Prozesse im Gehirn nicht auf der in herkömmlichen Computern üblichen propositionalen, sondern bildlicher, „quasi-perzeptiver" Wissensdarstellung beruhen. In der Künstlichen Intelligenz erhoben die Konzepte der künstlichen „Neuronalen Netze"[41] den Anspruch, solche auf Grundlage propositionaler Wissensdarstellung nie so recht gelösten Probleme wie Lernen, Muster- und Spracherkennung, assoziative Gedächtnisleistungen auf eine natürliche und elegante Weise bewältigen zu können und auf diese Weise auch neue Modellvorstellungen für die Kognitive Psychologie zu liefern. Diese neuartig orientierten Forschungsansätze seit den 70er Jahren scheinen sich aber lediglich dahingehend von dem „klassischen" kognitivistischen Ansatz zu unterscheiden, auf welcher „Ebene" des Verständnisses jener Systeme die relevanten Repräsentationen, Codes oder Symbole zu finden seien und welche Organisation die Symbole oder Repräsentationen aufweisen[42]. Sie sind also letztendlich eine konsequente Fortsetzung dieses auf der Computerprogrammanalogie beruhenden Forschungsprogramms. Hinzu kommen die Fortschritte der Robotik, die eine ganze Reihe der typischen Kritikpunkte an der Künstlichen Intelligenz zu entkräften vermögen: Roboter können selbst Erfahrungen sammeln, ihre Umgebung praktisch erkunden und mit Menschen „soziale Kontakte"

---

[39] Newell, A., H.A. Simon, J.C. Shaw, Elements of a Theory of Human Problem Solving, Psychol. Rev. 65, 151-166 (1958)

[40] Shepard, R.N., J. Metzler, Mental rotation of three-dimensional objects, Science 171, 701-703 (1971)

[41] Rumelhart, D.E.,.E.Hinton, R.J. Williams, Learning internal representations by backpropagating errors, Nature 323, 533-536 (1986)

[42] Fodor, J.A., Z.W. Pylyshyn, Connectionism and cognitive architecture, Cognition 28, 3-71 (1988)

aufbauen[43]. Diese Erfolge könnten doch ganz gut in dein Bild vom Verhältnis zwischen Gehirn und Seele passen?

L.Z.: Das würde ich natürlich absolut nicht so sehen.

A.M.: Ja, mehr noch. Das Ganze erinnert mich an eine Reklame für eine bekannte Sportschuhmarke, die vor etwa zehn Jahren über die Kinoleinwände flimmerte: Ein athletisch gebauter Afroamerikaner im Sprinterdress schnürt sich in einer an den Grand Canyon erinnernden Landschaft seine Laufschuhe, während eine sonore Stimme in etwa diese Worte rezitiert: „Ein Professor des Massachusetts Institute of Technology hat vorhergesagt, dass wir in 20 Jahren in der Lage sein werden, unseren Geist auf eine Festplatte zu übertragen. Dann endlich werden wir uns von unserem unvollkommenen Körper befreien können." – Pause – „Lauf weg, solange du noch kannst!" Woraufhin sich der Sportler erhebt und in geschmeidigem Laufschritt seinen alles andere als unvollkommenen Körper in der Landschaft verschwinden lässt.

L.Z.: Wobei die zitierte Prophezeiung keineswegs eine Erfindung der Werbemacher war. Sie stammt von einem der Pioniere und noch heute führenden Forscher der Künstlichen Intelligenz: Marvin Minsky. Er wurde schon oft – und von ihm wohl durchaus gewollt – zur Zielscheibe moralischer Entrüstung der amerikanischen Öffentlichkeit, etwa als er für die Forschung der Robotik mit dem Argument warb, dass man dann auch bald Altenpflegeroboter haben könnte, die sich geduldig stundenlang jede Lebensgeschichte anhören würden.

A.M.: Aber du siehst: selbst Reinkarnation – Künstliche Intelligenz macht es möglich!

L.Z.: Natürlich halte ich das für kompletten Unsinn. Das Schlimmste ist, dass der antireduktionistische Ansatz des Funktionalismus auf Grund dieser Forschungen zur Künstlichen Intelligenz nur allzu oft als Radikalisierung des Reduktionismus missverstanden wird. Die

---

[43] Dennett, D.C., COG: Schritte in Richtung auf Bewußtsein in Robotern, in: Metzinger (Hg.), Bewußtsein, Paderborn 1995, 691-712

menschliche Seele ist eben nicht vergleichbar mit einem Computerprogramm.

A.M.: Natürlich legst du selbst diese Interpretation nahe, wenn du zur
Beschreibung der seelischen Zustände eines Menschen so technische Ausdrücke wie „Input", „Output" und „funktionale Zustände"
verwendest.

L.Z.: Darüber habe ich auch schon nachgedacht. Diese Ausdrücke
haben den Vorteil, dass sie sehr klar und allgemein sind, andererseits aber eben den Nachteil, dass sie sehr an technische Systeme
erinnern. Man könnte statt „Input" vielleicht „Empfindungen" und
statt „Output" „Handlungen" sagen. Nur würde das nahe legen, dass
nur bewusst erlebte Inputs und Outputs eine Rolle spielen – und
das muss nicht so sein. Man könnte vielleicht eher von „Reizen" und
„Bewegungen" oder „Verhalten" sprechen. Man müsste sich dann
aber im Klaren darüber sein, dass „Reize" auch aus dem Inneren des
Organismus kommen können – wie die Füllung des Magens oder
der Blase oder gar der Blutdruck und Kohlendioxidgehalt des Blutes.
Outputs könnten aber auch anderer Natur sein als die einer Bewegung
– etwa Schweißabsonderung oder Erröten. Für „funktionale Zustände"
könnte man aber auch ganz einfach „innere Zustände" sagen.

A.M.: Dann wären seelische Zustände eines Menschen in erster Näherung definiert durch ihre Relationen zu Reizen, Verhalten und anderen inneren Zuständen dieses Menschen.

L.Z.: So ist es.

INTENTIONALITÄT
ODER
DAS CHINESISCHE ZIMMER

A.M.: Das gefällt mir schon besser. Aber was spricht aus deiner Sicht
gegen den Forschungsansatz der Künstlichen Intelligenz?

L.Z.: Die wohl bekannteste Kritik an der Künstlichen Intelligenz ist ein Argument von J.R. Searle[44] : Das „Chinese Room Argument". Ein Argument, das man allerdings auch gegen den Funktionalismus überhaupt wenden kann.

A.M.: Den kenne ich ja schon. Der vertritt doch die gleiche Position wie ich.

L.Z.: So ist es. Sein Argument geht so: Stellen wir uns einen Menschen vor, der kein Chinesisch versteht. Er sitzt in einem Zimmer, welches zwei Fenster hat und mit Büchern gefüllt ist, die Regeln der sinnvollen Zuordnung von chinesischen Worten und Sätzen zu anderen chinesischen Worten und Sätzen enthalten. Durch das eine Fenster geben ihm Chinesen Zettel mit „Fragen" herein. Die darauf enthaltenen, ihm völlig unverständlichen Schriftzeichen sucht er in den Büchern auf und nach den Anweisungen in den Büchern verfasst er „Antworten" in Form von ihm genau so unverständlichen Schriftzeichen; diese reicht er dann wieder nach draußen – wo die Chinesen sich über seine „verständige" Beantwortung ihrer Anliegen freuen. Searle hebt in seinem Argument darauf ab, dass in diesem Zimmer genau dasselbe passiert wie in einem Computer: Zeichenketten werden nach rein syntaktischen Regeln ineinander verwandelt und so den eingegebenen Zeichenketten die auszugebenden zugeordnet. Was diese Zeichenketten „bedeuten", worin ihre „Semantik" besteht, spielt für den Computer keine Rolle. Er „versteht" sie ebenso wenig, wie der Mensch im „Chinesischen Zimmer" Chinesisch versteht. Computer arbeiten rein syntaktisch, ohne sich auf die Bedeutung der Zeichen zu beziehen. Eine künstliche „Intelligenz" ist somit unmöglich, weil die mindeste Voraussetzung für ein intelligentes System sein sollte, dass es versteht, was es tut.

A.M.: Und doch scheint es so, als ob es verstehen würde.

L.Z.: Searle beschreibt dieses „Verstehen einer Bedeutung" über den Begriff der Intentionalität. Er versucht den Schein von Intentio-

---

[44] Searle, J.R., Minds, Brains and Programs, Behav. Brain Sci. 3 (1980)

nalität, den ein Computer ebenso wie das „chinesische Zimmer"
erweckt, durch die Unterscheidung von „intrinsischer" und „abge-
leiteter Intentionalität" zu fassen. Während intrinsische Intentionalität nur dem menschlichen Gehirn (und vielleicht auch einigen
tierischen) zukommt, gehören Computer ebenso wie Zeitungsartikel
oder Spielzeugpuppen zu einer Klasse von Gegenständen, die durch
die intrinsische Intentionalität von Menschen eine abgeleitete Intentionalität zugeschrieben bekommen. Der Programmierer schreibt
ein Programm, das Zeichen, die für ihn eine Bedeutung haben, in
andere Zeichen verwandelt, die für ihn ebenfalls eine Bedeutung
haben. Dieses Programm macht es möglich, dass ein anderer Benutzer den Inputs in den und den Outputs aus dem Computer ebenfalls
eine Bedeutung zuschreiben kann. Beides geschieht aber ausschließlich durch die intrinsische Intentionalität von Programmierer und
Benutzer. Der Computer „an sich" weist keine Intentionalität auf.

A.M.: Und du teilst dieses Argument?

L.Z.: Was die Behauptung betrifft, dass Computer nichts verstehen
können, würde ich Searle auch zustimmen. Nur den Kritikansatz finde ich unangemessen. Es wurde von vielen Kritikern darauf verwie-
sen, dass ein System, das das Verstehen von Chinesisch „simulieren"
würde, höchstkomplex sein müsste und durch Searles Darstellung
hoffnungslos „verniedlicht" wird. In einem solchen hochkomple-
xen System könnte man dann tatsächlich eine Verstehensleistung
des gesamten Systems – und nicht des isolierten, rasend schnell
agierenden „Sachbearbeiters" – unterstellen. Andere Kritiker verweisen darauf, dass ein solches System spätestens dann „verstehen"
würde, was die Symbole bedeuten, wenn es praktisch in seiner Umgebung zu handeln gezwungen wäre, also praktische Erfahrungen
machen könnte, was die Symbole bedeuten. Aus diesen Gründen
widerlegt Searle in der Tat die Künstliche Intelligenz nicht. Schon
ein Computer ist zu komplex, um ihm mit solchen vereinfachenden
Argumenten seelische Zustände absprechen zu können.

A.M.: Und schließlich arbeitet ja auch ein Gehirn mit zunächst völlig bedeutungslosen Abfolgen von Aktionspotenzialen, mit denen es irgendwie Bedeutung konstruiert...

L.Z.: ... indem es diese Aktionspotenziale in Relation zueinander setzt.

A.M.: Wenn ich dich aber richtig verstanden habe, dann kann man dieses Argument jedoch auch gegen den Funktionalismus überhaupt wenden.

L.Z.: So ist es: Man kann die hineingereichten Zettel als „Inputs", die hinausgereichten als „Outputs" und die Bibliothek als „andere funktionale Zustände" des Systems verstehen. Das Verständnis eines chinesischen Satzes wäre dann ein mentaler Zustand, der definiert ist durch seine Beziehung zu den hereingereichten Zetteln, den herausgereichten Zetteln und dem Nachschauen in der Bibliothek. Der Mensch im chinesischen Zimmer verbindet aber auf Grund dieser Beziehungen mit den Zeichen keinerlei Bedeutung. Searles Argument zeigt also, dass diese Beziehungen keineswegs hinreichen, um das Verstehen dieses chinesischen Satzes zu erklären. Ein Beobachter, also etwa der Chinese außerhalb des Zimmers, kann nun, wenn man Searles Argument folgt, eine noch so detaillierte Beschreibung des Zimmers mit seinem Insassen vornehmen, also die hineingegebenen Zettel mit den herausgegebenen vergleichen oder sogar die Bücher im Inneren des Zimmers auf die Richtigkeit der Zuordnungen von Schriftzeichen hin überprüfen, ohne daraufhin sagen zu können, ob mit dieser Zettelschreiberei Verstehen verbunden ist oder nicht. Wenn dieses Argument richtig wäre, dann würde es also zeigen, dass man seelische Zustände, wie das Verständnis eines Satzes, nicht über seine Beziehungen zu Inputs, Outputs und anderen funktionalen Zuständen – oder eben zu Reizen, Verhalten und anderen inneren Zuständen, wenn dir das lieber ist – verstehen könnte.

A.M.: Und du denkst nicht, dass das stimmt?

L.Z.: Aus dem gleichen Grund, warum ich das Argument schon im Falle des Computers für nicht hinreichend halte: Weil die funktionale Architektur unseres Gehirns so endlos komplexer ist als das chinesische Zimmer. Wenn der Mensch im chinesischen Zimmer die chinesischen Zeichen mit so vielen Empfindungen, Gefühlen, Erinnerungen und Wahrnehmungen verknüpfen könnte wie unser Gehirn, dann würde er diesen Zeichen auch eine Bedeutung zuordnen können. Dann würde er wirklich Chinesisch verstehen.

UMGEKEHRTE QUALIA
ODER
DIE LIPPEN DER MUTTER

A.M.: Und gibt es noch andere Argumente gegen den Funktionalismus?

L.Z.: Ja, es gibt auch Argumente, die wiederum von dem Qualia-Problem ausgehen und die man unter dem Schlagwort „inverted qualia"[45] diskutiert. Sie versuchen zu zeigen, dass funktional identische Systeme umgekehrte Qualia aufweisen könnten, um somit nachzuweisen, dass eine funktionale Charakterisierung mentaler Zustände für ihr Verständnis nicht hinreichend sein kann. Ein beliebtes Beispiel sind dabei gerade solche Argumente, die von einem „inverted spectrum" ausgehen, also etwa von zwei Menschen, die funktional äquivalent sind, von denen aber ein Mensch gerade die spektral entgegengesetzten Qualitäten haben könnte als der andere – also etwa eine Rotempfindung, wo der andere Mensch eine Grünempfindung hat.

A.M.: Oh Gott, mit so einem Typ möchte ich aber nicht Auto fahren.

L.Z.: Wieso nicht?

A.M.: Wenn er dort grün sieht, wo ich eine rote Ampel sehe!

L.Z.: Falsch! Für sein Leben hätte dieser Defekt erstaunlicherweise

---

[45] Lycan, W.G., Inverted spectrum, Ratio 60, 315-319 (1973), Horgan, T., Functionalism, qualia and the inverted spectrum, Philosophy and phenomenological research 44, 453-469 (1984), Cole, D.J., Functionalism and inverted spectra, Synthese 82, 207-222 (1990), Tye, M., Qualia, content and the inverted spectrum, Nous 28, 159-183 (1994)

gar keine Konsequenzen! Da er in seiner Kindheit gelernt hätte, seine „grüne" Farbempfindung „rot" und seine „rote" Farbempfindung „grün" zu nennen, würde seine Farbwahrnehmungsstörung überhaupt nicht auffallen. Er würde ebenso wie ein normalsichtiger Mensch auf Grund seiner Farbempfindung reife Tomaten „rot" nennen und essen und unreife Tomaten „grün" nennen und verschmähen. Er würde bei roten Ampeln anhalten und bei grünen losfahren und bei ersteren die Furcht entwickeln, Knöllchen zu kassieren, wenn er sich anders verhielte. Das Argument richtet sich ja gerade deshalb gegen den Funktionalismus, weil solche Menschen keine Verhaltensauffälligkeiten, d.h. Farbunterscheidungsprobleme aufweisen dürften. Da ein Mensch mit normalem Spektrum und ein Mensch mit umgekehrtem Spektrum in ihrer Systemgeschichte hinsichtlich der Rot-Grün-Unterscheidung gleiche Lernvorgänge durchlaufen hätten, das gleiche nichtsprachliche und sprachliche Verhalten in Referenz auf farblich unterscheidbare Gegenstände entwickelt hätten, wären sie auf Grund unserer Kennzeichnung funktionaler Zustände ununterscheidbar. Trotz umgekehrter Farbwahrnehmung würden also beide Systeme auf einen Reiz wie die Farbe reifer Tomaten mit einem Verhalten wie der sprachlichen Bezeichnung „rot" oder mit genussvollem Zubeißen reagieren oder als Beziehung zu anderen inneren Zuständen die Überzeugung entwickeln, dass sie essbar wären. Sie würden den Reiz unreife Tomaten „grün" nennen, als Verhältnis zu anderen Zuständen die Überzeugung haben, dass sie ungenießbar wären, und sie als Verhalten verschmähen. Sie würden beide beim Reiz „rote Ampel" als Verhalten anhalten und beim Reiz „grüne Ampel" als Verhalten losfahren – und bei ersterem Reiz als Verhältnis zu anderen mentalen Zuständen die Furcht entwickeln, Knöllchen zu kassieren oder einen Unfall zu riskieren, wenn sie sich anders verhielten.

A.M.: Ich verstehe. Wenn man voraussetzt, dass es solche vertauschten Empfindungsqualitäten gibt, dann würde man zeigen, dass die Kennzeichnung seelisch-geistiger Zustände durch ihre Beziehungen zu Reizen, Verhalten und anderen Zuständen nicht hinreichend wäre, um diesen Unterschied zu erfassen.

L.Z.: So ist es. Und demzufolge wäre der Funktionalismus nicht in der Lage, seelisch-geistige Zustände zu beschreiben, geschweige denn zu erklären.

A.M.: So etwas könnte es übrigens wirklich geben! [46]

L.Z.: Da bin ich aber gespannt! Erzähl!

A.M.: Ich habe dir ja schon erklärt, wie die Farbwahrnehmung im Prinzip funktioniert.

L.Z.: So ist es.

A.M.: Schauen wir uns zunächst mal an, was bei einem Menschen nicht funktioniert, der, anders als deine Neurobiologin Mary, tatsächlich farbenblind ist. Hierfür kann es viele Ursachen geben. Bei manchen Farbenblinden sind durch einen genetischen Defekt auf dem X-Chromosom die R-Zapfen nicht mit Erythrolabe, sondern „fälschlicherweise" – wie die G-Zapfen – mit Chlorolabe gefüllt. Die Konsequenz dieser Störung besteht darin, dass G- und R-Zapfen immer gleichermaßen aktiv sind. Da er geschlechtschromosomal vererbt wird, tritt dieser Defekt fast nur bei Männern auf. Diesen Männern ist eine Rot-Grün-Unterscheidung nicht mehr möglich. Die Farbempfindung beim Anblick roter oder grüner Gegenstände müsste bei ihnen also, je nach Erregung der G- und R-Zapfen im Vergleich zu der Erregung der B-Zapfen im Bereich zwischen Gelb und Blau liegen. Es könnte aber auch die umgekehrte Störung geben, bei der die G-Zapfen fälschlicherweise – wie die R-Zapfen – mit Erythrolabe gefüllt sind. Diese Störung hätte natürlich ebenfalls eine Rot-Grün-Blindheit zur Folge, weil wieder beide Zapfentypen unabhängig von der Wellenlänge des Lichtes die gleiche Erregung aufweisen würden. Wenn beide genetischen Defekte unabhängig voneinander vererbt werden, müssten sie mit dem Produkt ihrer Wahrscheinlichkeiten gleichzeitig auftreten: Die R-Zapfen wären

---

[46] Nida-Rümelin, M., Pseudonormal Vision. An actual case of qualia inversion? Philosophical Studies, Supplement (1995)

dann mit dem – normalerweise in den G-Zapfen enthaltenen – Chlorolabe gefüllt, die G-Zapfen hingegen mit dem – normalerweise in den R-Zapfen enthaltenen – Erythrolabe. Glaubt man der Theorie, sollten solche Menschen tatsächlich ein umgekehrtes Rot-Grün-Spektrum wahrnehmen: Rot wäre dann die Empfindungsqualität, die dann auftritt, wenn in den R-Zapfen mehr Pigment zerfällt als in den G-Zapfen. Bei diesen Menschen wäre das aber dann der Fall, wenn Licht mittlerer Wellenlänge vorherrscht, das ein Normaler als grün empfinden würde. Grün wäre die Empfindungsqualität, die dann auftritt, wenn in den G-Zapfen mehr Farbstoff zerfällt als in den R-Zapfen. Das wäre aber dann der Fall, wenn Licht langer Wellenlänge vorherrscht, das ein Normaler als rot empfinden würde. Ein solcher Mensch würde also dort rot sehen, wo der Normalsichtige grün sieht und dort grün, wo der Normalsichtige rot sieht. Da ihr Verhalten aus den von dir schon dargestellten Gründen völlig unauffällig wäre, nennt man diese Farbwahrnehmungsstörung „pseudonormal". Wenn es wirklich so sein sollte, dass diese Menschen ein umgekehrtes Farbspektrum sehen würden, läge darin auch der Grund, dass man noch nie einen Menschen gefunden hat, der diese Störung aufweist.

L.Z.: Pseudonormale wären also Menschen, die mit Normalen funktional identisch wären, deren Farbempfindungen also die gleichen Relationen zu Reizen, Verhalten und anderen mentalen Zuständen hätten – obwohl sie unter Umständen andere Farben sehen.

A.M.: Und wenn sie tatsächlich andere Farben sehen würden, wäre der Funktionalismus falsch.

L.Z.: Und du glaubst tatsächlich, dass diese Menschen diese umgekehrten Farbqualitäten sehen?

A.M.: Was denkst du? Du warst es ja, der dieses Problem aufgeworfen hat, um zu zeigen, wie der Funktionalismus von deinen Kollegen in Frage gestellt wird. Sicher hast du auch ein Gegenargument.

L.Z.: Das Gegenargument hast ja eigentlich du schon selbst gebracht. Wenn ich deine Theorie richtig verstanden habe, dann hängt die

Erlebnisqualität rot oder grün ja keineswegs von der Erregung der Zapfen oder der nachgeschalteten Nervenzellen im Stammhirn und in der Großhirnrinde ab, sondern davon, mit welchen Gruppen von Nervenzellen in allen möglichen anderen Zentren des Gehirns sie ihre Aktivität synchronisieren oder nicht synchronisieren. Welche Populationen von Nervenzellen das sind, ist wieder Ergebnis der in den Lernprozessen selektierten und in ihrer Stärke modifizierten synaptischen Verbindungen. Und die sollten ja bei Normalen und Pseudonormalen ähnlich sein, zumindest nicht unähnlicher als sie es auch zwischen zwei Normalen mit verschiedenen Lebensge-schichten wären. Normale und Pseudonormale sollten also durchaus vergleichbare Farbempfindungen haben.

A.M.: Gut aufgepasst! Und du würdest mir wahrscheinlich erzählen, dass wir dem Pseudonormalen glauben sollten, wenn er behauptet, bei reifen Tomaten und dem oberen Ampellicht eine Rotempfin-dung und bei unreifen Tomaten oder dem unteren Ampellicht eine Grünempfindung zu haben. Du gehst ja eben davon aus, dass unser Farbempfinden überhaupt nicht so sehr von unserem Nervensystem, sondern vielmehr von den Beziehungen zu Reizen, Verhalten und anderen mentalen Zuständen, also auch zu unseren Lebenserfah-rungen bestimmt wird. Dann müsste es für die Empfindungsqualität „rot" gar nicht so wichtig sein, welche Erregung die R- und G-Zapfen aufweisen, sondern viel wichtiger, was für eine Qualität die Emp-findung der Lippen oder Brustwarzen der Mutter für den Säugling, die Empfindung der von Aufregung oder Wut gefärbten Haut eines Menschen oder eben einer reifen Frucht für das kleine Kind hatte. Dann müsste die Empfindungsqualität „grün" vielmehr von dem Anblick des Blätterdaches über dem Kinderwagen während eines Familienausfluges oder dem Geschmack eines unreifen Apfels be-stimmt sein als von der Erregung der Netzhaut. Farbempfindungen wären also etwas, was wir in unserer Kindheit lernen. Vielleicht wäre Farbe sogar etwas, was noch in späterem Alter unmerklich im Verwandeln ist. Vielleicht prägt ja sogar noch heute unser alltägliches Erleben oder auch unser künstlerisches Schauen und Tun die Empfindungsqualität von Farbe? Wahrscheinlich sieht also jeder Mensch Farben etwas anders als ein anderer, je nachdem, welche Gegenstände, Gefühle, Erinnerungen er mit den Farben verbindet. Und umso verschiedener, je verschiedener diese Erfahrungen sind. Ein Eskimo, der sein Leben in einer Schneelandschaft verbracht hat, wird also Farben nicht nur andere Gefühle und ästhetische Wertungen entgegenbringen, sondern sie auch auf ganz elementare Weise anders empfinden als ein Afrikaner aus dem farbenfrohen tropischen Regenwald.

L.Z.: Genau so würde ich das auch sehen. Es gibt übrigens noch eine Variante dieses Gedankenexperimentes, die natürlich ebenfalls ursprünglich als Kritik des Funktionalismus entworfen wurde[47], aber wiederum sehr deutlich macht, was mit einem funktionalistischen Standpunkt gemeint ist. Stellen wir uns mal eine „Zwillingserde" vor, auf der alles ganz genauso ist wie auf unserer Erde: genau die gleichen Tiere, Pflanzen, Steine und Menschen. Mit dem einzigen Unterschied, dass alle Gegenstände, die hier Licht langer Wellenlänge aussenden oder reflektieren, dort Licht mittlerer Wellenlänge aussenden oder reflektieren und umgekehrt. Wenn du also auf diesen Planeten kommen würdest, dann würdest du all das rot sehen, was du hier grün siehst, und all das grün, was du hier rot siehst. Ebenso würde es deinem Zwilling auf dem anderen Planeten gehen, wenn er hierher käme. Jeder von euch beiden hätte aber auf seinem Planeten genau die selben Farbempfindungen beim Anblick der die komplementären Wellenlängen aussendenden Gegenstände – wenn der Funktionalismus recht hätte. Glaubst du, dass das so wäre.

A.M.: Ich denke: Ja!

L.Z.: Ich bin beeindruckt!

A.M.: Es scheint so, dass wir in dieser funktionalistischen Sichtweise

[47] David Cole, Inverted Spectrum Arguments, http://www.d.umn.edu/~dcole/inverted_spectrum.htm

durchaus so etwas wie einen gemeinsamen Nenner gefunden haben.

L.Z.: Das Gefühl habe ich auch!

IDENTITÄT
ODER
DIE ILLUSION DES ICH

A.M.: Entscheidend für unsere Frage nach der Reinkarnation ist nun
aber, wenn ich dich richtig verstanden habe, dass dem Funktionalismus zufolge ein Unterschied zwischen Seele und neuronaler Aktivität besteht, so dass sich die Seele auch getrennt von einem bestimmten Gehirn entwickeln könnte – wenn sie eine andere materielle
Basis finden würde. Also etwa ein anderes Gehirn.

L.Z.: So ist es. Wenn man die Seele als funktionale Architektur
versteht, die in diesem Leben in einem bestimmten Gehirn und zu
einem bestimmten Augenblick dieses Lebens in Form eines globalen
Aktivitätszustandes dieses Gehirns realisiert ist, dann könnte man
sich vorstellen, dass sie vor oder nach diesem Leben in anderer Form
realisiert sein könnte.

A.M.: Nun wirst du doch allerdings nicht behaupten, dass sich diese
komplette „funktionale Architektur" reinkarniert?

L.Z.: Gewiss nicht; denn dann müssten wir ja mit all unseren Erinnerungen, Kenntnissen, Fähigkeiten und Fertigkeiten auf die Welt
kommen, die wir im Augenblick unseres Todes hatten. Steiner
beschränkt den Teil unseres Seelenlebens, der sich reinkarniert, ja
eben auf das so genannte Geistselbst. Was sich reinkarniert, wird also
eigentlich nur das sein können, was wir im engsten Sinne mit dem
Wörtchen „ich" bezeichnen.

A.M.: Wenn du davon ausgehst, dann hast du allerdings nicht gut
aufgepasst bei dem, was ich dir erzählt habe. Egal ob du unser Bewusstsein nun als neuronale Aktivität oder funktionale Organisation

betrachtest: Die Hirnforschung hat ja eben gezeigt, dass es ein solches „Ich" nicht gibt. Du erinnerst dich: Anfangs ging man von hierarchischen Modellen der Verarbeitung der von unseren Sinnesorganen kommenden Informationen aus, die in einem „Ich" im Frontalcortex zusammenlaufen, und von einer ebenso hierarchischen Organisation von Entscheidungsprozessen bis hin zu der Planung und Auslösung von Bewegungen, die von diesem „Ich" ausgehen. Die Forschungen haben aber gezeigt, dass es dieses „Ich" im Frontalcortex nicht gibt, sondern, dass alle Teile unseres Gehirns mehr oder weniger gleichberechtigt zusammenarbeiten, dass Nervenzellpopulationen in vielen Teilen des Gehirns in den kompetitiven Prozessen die gleichen Chancen haben, mit anderen Zellpopulationen globale Erregungsmuster zu bilden, die entscheidend für unsere Wahrnehmungen, Gedanken und Entscheidungen werden. Ich habe dir gezeigt: Es gibt kein „Ich"! [48]

L.Z.: Wenn man unter „Ich" ein Zentrum in unserem Gehirn oder auch eine Art „Seelenkern" versteht, dann wird man angesichts der von dir dargestellten empirischen und theoretischen Ergebnisse der Hirnforschung sagen müssen: Nein, ein solches Ich gibt es nicht!

A.M.: Und du verstehst es anders?

L.Z.: Ja. Und zwar wiederum ganz in diesem relationalen Sinne, den Hegel in der Entwicklung der Philosophie und der Funktionalismus in der aktuellen Diskussion als das Wesen des Seelisch-Geistigen betrachtet.

A.M.: Das wäre dann aber ein völlig neues Verständnis des Ich.

L.Z.: Überhaupt nicht! Es ist eher der Rückgang auf die alltägliche Verwendung des Wortes „ich", wie du sie schon in unserer Alltagssprache findest. Wir gebrauchen das Wort „ich" keineswegs nur, um uns denkende Tätigkeiten oder Eigenschaften des Geistes zuzuordnen, wie dies den Theorien der frühen Hirnforschung oder auch ein Stück weit der Philosophie Kants oder Descartes entsprechen würde. Wir benutzen sie auch keinesfalls nur, um komplexe Wahrneh-

---

[48] Roth, G., Fühlen, Denken, Handeln. Wie das Gehirn unser Verhalten steuert. Frankfurt: Suhrkamp 2001

mungen auszudrücken oder unsere Entscheidungen für Handlungen kundzutun. Wir bezeichnen mit ihr auch körperliche Eigenschaften. Wir sagen zum Beispiel: „Ich wiege 70 Kilogramm". Wir beziehen uns auf Tätigkeiten unseres Körpers – selbst solche, die ausgesprochen unbewusst, ohne Zutun des Bewusstseins verlaufen: „Ich habe gut geschlafen. Ich bin hungrig. Ich fühle mich schlecht. Ich bin aufgewacht." Nur dann, wenn ein Teil unseres Körpers ausgesprochen isoliert tätig ist, dann erscheint uns das „ich" unangebracht. Wir sagen dann etwa: „Mein Herz schlägt. Mein Bein schmerzt. Mein Magen knurrt." Und natürlich drücken wir mit dem Wort „ich" auch Gefühle aus, die wir kaum bewusst zu steuern vermögen, wie: „Ich liebe dich". Diese Gefühls- und Körperbezogenheit lässt sich bis in die Körpersprache verfolgen: Wenn ich betont über mich spreche, lege ich – wie wohl fast alle Menschen in unserer Kultur – eine oder beide Hände auf meine Brust – und nicht auf den Kopf. All das lässt gewiss keinen Zweifel daran, dass wir mit dem Wörtchen „ich" mehr meinen als nur eine Steuerzentrale unseres Seelenlebens.

A.M.: Vereinfachst du da nicht etwas?

L.Z.: Keineswegs. Ich denke, dass das Wort „ich" dazu verführt, eine Unterscheidung zurückzunehmen, die allen Sprechakten und Denkprozessen zugrunde liegt: Das, was in uns „ich" sagt und denkt, ist keineswegs deckungsgleich mit dem, was mit diesem Wort bezeichnet, gesagt und gedacht wird. Unser Ich-Bewusstsein ist nicht das Bewusstsein unseres Ich-Bewusstseins, sondern das Bewusstsein unseres Ich. Wenn ich „ich" denke, dann denke ich nicht nur das in mir, was „ich" denkt, sondern auch all das andere, was mich als Menschen ausmacht.

A.M.: Dann scheint es mir aber ausgesprochen unangemessen, von einer Reinkarnation des „Ich" zu sprechen. Du sagst es ja selbst: Kein Mensch würde doch behaupten, dass sich sein Körper, seine Gefühle, seine Wahrnehmungen reinkarnieren! Selbst Erinnerungen haben Menschen doch nur in sehr seltenen Ausnahmefällen von vorigen Existenzen – davon abgesehen, dass ich diese natürlich für Illusionen halte.

L.Z.: Keineswegs. Wenn nach Auskunft unserer Alltagssprache „ich"
viel weniger paradox, auch viel weniger „vergeistigt" ist, als gemeinhin behauptet wird, so legt sie doch auch Zeugnis ab von einer
durchaus paradox erscheinenden, ausgesprochen immateriellen
Existenz dessen, was mit dem Wort „ich" bezeichnet wird. „Ich"
sagen wir nicht nur, wenn wir von unserer Gegenwart reden, sondern auch, wenn wir uns auf unser vergangenes und zukünftiges
Leben beziehen: „Ich bin 1960 geboren. Ich habe als Säugling viel
geschlafen. Ich bin erst in den Kindergarten, dann in die Schule
gegangen. Ich war Soldat. Ich werde in der Bretagne Urlaub machen. Ich möchte irgendwann den Jakobsweg gehen. Ich werde
sterben." Zwar scheint dies das „Ich" von allen möglichen Substan-
tiven nicht zu unterscheiden. Auch von einem Baum, einem Haus,
einem Kleid können wir in ihrer Gegenwart oder Vergangenheit
sprechen. Zumindest im Falle von unbelebten Gegenständen wird
dieser Sprachgebrauch allerdings dadurch gerechtfertigt, dass sie
aus demselben Stoff, derselben Materie bestehen. Bei Lebewesen, vor
allem bei Menschen und Tieren, beruht diese Identität aber gerade
nicht auf der Materie, die sie physikalisch aufbaut, sondern auf dem
fortlaufenden Lebensprozess, der ihre Vergangenheit, Gegenwart
und Zukunft miteinander verbindet. Wenn ich über mich in der Zeit
von meiner Geburt bis zu meinem Tode in Ich-Sätzen spreche, so hat
sich während dieser Zeit mein Aussehen, mein Körper, mein Seelenleben völlig verändert.

A.M.: So ist es. Fast alle Zellen des Körpers – ein Teil der Nervenzellen
ausgenommen – und alle Makromoleküle sind während dieses Zeitraums immer und immer wieder abgebaut und erneuert worden.

L.Z.: Physisch ist also von mir als Säugling praktisch nichts übrig geblieben, was die Zuschreibung des Wortes „ich" rechtfertigt. Und
auch von den materiellen Bestandteilen meines jetzigen Körpers
wird bis zu meinem Tod, wenn er nicht sehr bald eintreten sollte,
kaum etwas erhalten bleiben. Um dies mit zwei treffenden Worten
der deutschen Sprache auszudrücken: Ich bin von Geburt bis Tod

derselbe, ohne der gleiche zu bleiben.

A.M.: Diese Identität ist also wieder eine von diesen Relationen, von denen wir eben gesprochen haben. Sie ist in meinem Falle eine Relation zwischen den zu jedem Augenblick meines Lebens vorhandenen materiellen A.M.s , die einerseits ohne diese A.M.s nicht denkbar wäre, aber andererseits nicht einfach die Summe dieser A.M.s darstellt, sondern ihren, wie du wohl sagen würdest, geistigen Zusammenhang.

L.Z.: Richtig!

A.M.: Allerdings findet man diese von der materiellen Zusammensetzung unabhängige Identität auch bei Tieren und ansatzweise schon bei Pflanzen.

L.Z.: Auch richtig. Allerdings bin ich als Mensch das einzige Wesen, welches die eigene Identität über die Zeit von Geburt bis zum Tod in dem Wort „ich" von sich selbst behaupten kann. Kein anderes Lebewesen hat ein Bewusstsein davon, geboren zu sein und sterben zu müssen.

A.M.: Hm, tatsächlich ist es dieser Aspekt des Wörtchens „ich", der eine sehr scharfe Grenze zum Tierreich zieht. Während einige Primatenarten durchaus in der Hinsicht ein gewisses Selbstbewusstsein haben, dass sie sich – etwa in einem Spiegel – von anderen Artgenossen unterscheiden können, hat nur der Mensch ein Bewusstsein dieser „Selbigkeit" von der Geburt bis zum Tod, von der du sprichst.

L.Z.: Und aus diesem Bewusstsein heraus, geboren zu sein und sterben zu müssen, ergibt sich die Frage nach einer Existenz vor der Zeugung und nach dem Tode. Und zunächst einmal behauptet Reinkarnation ja nichts anderes als das: Unsere Identität war schon vor unserer Zeugung vorhanden und bleibt nach unserem Tode erhalten, um sich in einem neuen Leben fortzusetzen. Und auch Unsterblichkeit im Sinne des christlichen Glaubens meint nichts anderes: Unsere Identität bleibt erhalten. Ich kann zu etwas „ich" sagen, was schon vor meiner Zeugung vorhanden war oder zumindest nach meinem Tod erhalten bleibt.

BIOGRAPHIE
ODER
DIE IDENTITÄT DER ARCHITEKTUREN

A.M.: Damit haben wir uns also gründlich von einem Verständnis des „Ich als Substanz" entfernt, wie du es bei Descartes findest.

L.Z.: Aber ebenso von einem Verständnis des „Ich" als einem Zentrum im Gehirn. Wir haben es ganz im funktionalistischen Sinne völlig in Beziehungen, Relationen aufgelöst. Unsere ganze funktionelle Architektur ist ein unglaublich komplexes Beziehungsnetzwerk, ein Netz von Relationen. In diesem Netz ist jeder „Punkt" für sich völlig bedeutungslos. Er gewinnt seine Bedeutung erst in den Relationen zu anderen Punkten. Es gibt also nach dieser Auffassung weder so etwas wie eine „Seelensubstanz" noch ein Ich-Zentrum im Gehirn. Im Verlaufe unseres Lebens verändern sich diese Relationen zwischen den funktionalen Zuständen ständig. Es gibt nicht nur Beziehungen zwischen verschiedenen Zuständen zu einem bestimmten Zeitpunkt, sondern auch Beziehungen zwischen Zuständen, die zeitlich aufeinander folgen. Und durch dieses Netzwerk von Relationen bleibt auch die Identität dieser Architektur aufrechterhalten.

A.M.: Das ist nun aber wirklich arg theoretisch geworden.

L.Z.: Das kann man aber auch ganz praktisch sehen: Es war einmal ein Mensch, der von Kindheit an Tiere sehr gern gehabt hat. Deshalb war seine ganze Kindheit über Tierarzt sein Traumberuf. Denn er wollte Tieren helfen. Später lernte er viel über Biologie und Chemie und sein Interesse verwandelte sich in den Wunsch, Biochemie zu studieren, um das Geheimnis des Lebens zu verstehen. Das Studium war spannend für ihn, doch das Geheimnis des Lebens enthüllte es ihm nicht. Gleichzeitig las er die ersten philosophischen Abhandlungen und vermutete eher dort eine Lösung des Problems, weswegen er Philosophie studierte...

A.M.: ... und so wurde aus dem Biologen ein Philosoph.

L.Z.: Hier fand er auch tatsächlich eine Antwort auf die Frage nach dem Wesen des Lebendigen, die ihn aber nicht wirklich befriedigte.

Da er inzwischen Vater geworden war und sehr schöne Erfahrungen mit Waldorfpädagogik machte, wurde er Lehrer für Philosophie, Biologie und Chemie – und erkannte, dass die Frage nach dem Leben eigentlich eine praktische und gar nicht eine theoretische ist.

A.M.: Und jetzt die Relationen der funktionalen Zustände?

L.Z.: Die Liebe zu Tieren, der Wunsch, ihnen zu helfen und das Vorhaben Tierarzt zu werden sind drei funktionale Zustände, die durch ihre Beziehungen zueinander und zu Tausenden anderen bestimmt sind. Später sind wieder das Wissen über Biologie und Chemie, das Interesse am Geheimnis des Lebens und der Wunsch, Biochemie zu studieren, drei funktionale Zustände, die durch ihre Beziehungen zueinander und zu Tausenden anderen bestimmt sind. Weiter das Frustriertsein über die fehlenden Antworten der Biowissenschaften, das Wissen über Philosophie und der Wille, Philosophie zu studieren. Noch später die Erfahrungen mit Waldorfpädagogik, der Lehrerberuf und die Einsicht in den praktischen Charakter der Frage nach dem Leben ...

A.M.: Habe ich verstanden. Auch wenn ich denke, dass selbst jeder dieser Zustände noch einmal aus etlichen anderen zusammengesetzt ist.

L.Z.: Gewiss. Aber ein Beispiel hilft nur, wenn es etwas vereinfacht.

A.M.: O.K. Und weiter?

L.Z.: Diese funktionalen Zustände sind durch ihre Beziehungen untereinander zu einem bestimmten Zeitpunkt bestimmt. Aber auch durch ihre Beziehungen im Verlaufe der Zeit. Durch die Entwicklungsprozesse, durch die der eine aus dem anderen hervorgeht. Und sie bewirken auch, dass der Mensch immer derselbe bleibt, obwohl er sich von einem Kind über einen Biologen und einen Philosophen zu einem Lehrer entwickelt hat.

A.M.: Es bleibt immer ein am Leben interessierter Mensch.

L.Z.: Richtig. Aber noch wichtiger ist, dass ohne die Liebe zu Tieren in der Kindheit kein Biochemiestudent und letztlich kein Philosoph und wahrscheinlich auch kein Lehrer aus ihm geworden wäre.

A.M.: Und dann der Philosoph doch immer noch soweit Biologe geblieben ist, dass der eine mit dem anderen ein Selbstgespräch führen kann.

L.Z.: In der Tat!

A.M.: Ich verstehe. Das ist es, was ich damit meinte, als ich sagte, dass Bewusstsein nicht nur eine Integriertheit der verschiedenen Empfindungen zu einem Zeitpunkt, sondern auch über die vergehende Zeit hinweg umfasst.

L.Z.: Und das, was ich meinte, als ich sagte, dass wir im Wörtchen „ich" nicht nur ganz verschiedene Aspekte unseres Seelenlebens, ja sogar unseres Körpers, sondern eben ihre Identität mindestens über die Zeit zwischen Geburt und Tod zusammenfassen. Eigentlich dürfen wir zu diesem „ich" gar nicht mehr „das Ich" sagen.

A.M.: Was dann?

L.Z.: Mit dem Wort „ich" drücken wir unser Bewusstsein unserer Identität aus – einerseits die leiblich-seelisch-geistige Einheit, die wir jetzt sind, andererseits die Kontinuität unserer Existenz im Verlaufe unserer Entwicklung – wenigstens – von unserer Geburt bis zu unserem Tod.

A.M.: Kann man nicht einfach sagen, das Ich ist unsere Identität?

L.Z.: Nein. Denn unser Bewusstsein unserer Identität und diese Identität selbst decken sich nicht notwendig. Wir begegnen hier in etwa dem, was Hegel[49] unter dem Begriff „Selbstbewusstsein" fasst. Der Sprachgebrauch, den Hegel für diese beiden Momente des Begriffes wählt, ist „an sich" und „für sich". „An sich" könnte man in der Tat jede noch so kleine molekulare Veränderung meines Körpers, jede Haarspitze als konstitutiv für meine Identität betrachten. „Für mich" sind diese molekularen Veränderungen aber gar nicht, schon deshalb, weil ich mir ihrer gar nicht bewusst bin. Ich rede nicht von ihnen, wenn ich „ich" sage. Meiner Haarspitzen bin ich mir wohl bewusst – wenn auch nur recht äußerlich –, aber ich erachte sie als irrelevant für meine Identität. „Für mich" sind sie nicht konstitutiv für meine

---

[49] Hegel, G.W.F., Sämtliche Werke, Ed. Glockner, Bd.2, Phänomenologie des Geistes, Stuttgart 1932

Identität. Ich meine sie nicht, wenn ich „ich" sage.

A.M.: Was für manche Frau anders sein mag.

L.Z.: Mag sein. Es geht aber auch umgekehrt: Ziel vieler Körpertherapien ist es, ein Bewusstsein davon zu erlangen, dass ich nicht einen Körper habe, sondern – unter anderem – ein Körper bin. Das Problem lässt sich fortsetzen bis zur Analyse von Neurosen und Psychosen. Man kann es zum Beispiel sehr schön auf die dissoziative Identitätsstörung anwenden. Dr. Jekyll und Mr. Hyde sind „an sich" identisch. Dr. Jekyll meint aber „für sich" keineswegs Mr. Hyde, wenn er „ich" sagt.

A.M.: Das Beispiel ließe sich vielleicht auch auf uns beide ausdehnen?

L.Z.: Witzbold!

A.M.: Pardon. „An sich" ist also die wirkliche Identität und „für sich" ihr subjektives Abbild.

L.Z.: Hegel würde das nicht so sehen. „An sich" ist die mögliche Identität eines Menschen. Wirklich wird sie erst, wenn sie auch „für sich", also „für ihn" existiert. Sehr schön deutlich wird das gerade an dissoziativen Persönlichkeitsstörungen wie jener von Dr. Jekyll und Mr. Hyde. Ihre Identität ist ein völliges Abstraktum, das lediglich durch die Selbigkeit ihrer Körper begründet ist. Erst nach einer erfolgreichen Therapie wären sie wirklich identisch.

AUTOPOIESE
ODER
DIE BIOLOGIE DER IDENTITÄT

A.M.: Wenn wir nach der Möglichkeit von Reinkarnation fragen, dann wollen wir also wissen, ob diese Identität schon vor unserer Geburt vorhanden sein und ob sie sich nach unserem Tod fortsetzen könnte.

L.Z.: So ist es.

A.M.: Vielleicht ist es hilfreich, mal in die Biologie zu schauen, wie dort die Identität von Lebewesen begründet wird – in einem Leben natürlich.

L.Z.: Dann fang mal an!

A.M.: Ein schöner Ansatz ist hier die Theorie der Autopoiese von Humberto Maturana.[50] Lebende Systeme definiert Humberto Maturana als autopoietische Systeme.

L.Z.: Von „autos" gleich „selbst" und „poiein" gleich „schaffen"?

A.M.: Richtig. Autopoietische Systeme sind Netzwerke von Relationen der Produktion, Transformation und Destruktion von Bestandteilen, die eben dieses Netzwerk von Prozessen, das sie erzeugte, neu hervorbringen und dieses Netzwerk als eine konkrete Einheit in dem Raum, in dem die Bestandteile existieren, aufrechterhalten.

L.Z.: Lebewesen erhalten also ihre Identität innerhalb ihrer Körpergrenzen, indem sie sich permanent immer wieder neu produzieren oder eben selbst schaffen.

A.M.: So ist es. Du kennst die Theorie?

L.Z.: Sicher. Sie ist wahrscheinlich unter Philosophen breiter diskutiert als unter Biologen – vielleicht gerade weil es so eine Art Funktionalismus des Lebendigen ist – und die meisten Biologen Materialisten sind – zumindest im Beruf.

A.M.: Du hast Recht. Ein Lebewesen wird hier tatsächlich, wie du sagen würdest, rein relational, also über die Beziehungen zwischen den Bestandteilen definiert, die über die Zeit eben die für unsere Frage entscheidende Relation der Identität erzeugen.

L.Z.: Und diese Theorie hat Maturana auch auf das Nervensystem ausgedehnt.

A.M.: Genau. Schließlich ist er ja ursprünglich Neurobiologe gewesen und einer der ersten, die die Bug Detectors von Fröschen erforscht haben, von denen ich dir erzählt habe.

L.Z.: Ich erinnere mich.

A.M.: Auch das Nervensystem ist nach Maturanas Auffassung ein

---

[50] Maturana, H.R., Erkennen. Die Organisation und Verkörperung von Wirklichkeit. Braunschweig, Wiesbaden: Vieweg 1982

solches, wie er es allgemeiner nennt, operational geschlossenes System. Es ist definiert durch Relationen neuronaler Aktivität. Und zwar nicht nur zu einem bestimmten Augenblick, sondern auch in zeitlicher Hinsicht. Jeder Zustand neuronaler Aktivität eines Nervensystems ist das Ergebnis vorangegangener Zustände neuronaler Aktivität und bringt weitere Zustände neuronaler Aktivität hervor. Selbst die neuronale Aktivität von Sinneszellen ist immer dadurch beeinflusst, dass motorische Neuronen Bewegungen verursacht haben, durch die die entsprechenden Sinnesorgane einem Reiz ausgesetzt wurden. Und nur in Bezug auf die neuronale Aktivität der motorischen Neuronen wird die Aktivität der Sinneszellen interpretiert. Auch das Nervensystem erhält also seine Einheit, indem es immer wieder seine eigenen Zustände neuronaler Aktivität hervorbringt.

L.Z.: Und auch das Bewusstsein, so habe ich ja von dir gelernt, ist gekennzeichnet durch solche Relationen, nämlich die mehr oder minder ausgeprägten Korrelationen zwischen der Aktivität von Neuronenpopulationen – zu einem bestimmten Zeitpunkt und in ihrem zeitlichen Verlauf.

A.M.: Wenn auch auf einer sehr hohen Ebene neuronaler Organisation. Wobei du wiederum sagen würdest, dass diese Relationen in gewisser Weise unabhängig von dieser neuronalen Aktivität selbst sind, denn dieselben Relationen könnten auch Relationen anderer Variablen als der Impulsfolge von Nervenzellen sein.

L.Z.: Die Identität eines Menschen beruht also auf den Relationen, durch die er sich im Verlauf der Zeit immer wieder selbst hervorbringt: als Lebewesen, als Nervensystem, als Bewusstsein.

A.M.: Dann würde die Identität unseres Seelenlebens also durch unsere bewussten Erlebnisse konstituiert werden, die durch ihre aktuellen Beziehungen untereinander bestimmt sind, die andere bewusste Erlebnisse hervorbringen und ihrerseits das Ergebnis bewusster Erlebnisse sind. Also kurz gesagt, die räumliche und zeitliche Integriertheit unseres bewussten Erlebens, von der ich in meiner Theorie gesprochen habe.

L.Z.: Wobei man sich darüber klar sein sollte, dass damit eigentlich alles gemeint ist, was überhaupt für uns „ist", denn auch alles, was wir in der Welt erleben, ist letztlich erst einmal nur bewusstes Erleben.

A.M.: Und wenn dieses Erleben nach unserem Tode weitergeht und von einem Erleben vor unserem Tode hervorgebracht wurde, dann gibt es Reinkarnation?

L.Z.: Und wenn es nur Ersteres gibt, dann immerhin Unsterblichkeit.

A.M.: Und warum erinnern wir uns dann nicht an vorige Leben?

L.Z.: Manche Menschen sollen es ja können. Aber dass bewusste Erlebnisse andere bewusste Erlebnisse hervorbringen, bedeutet ja nicht notwendig, dass wir uns an die vergangenen bewussten Erlebnisse erinnern. Es wird Zeiten in deinem Leben gegeben haben, an die du keine Erinnerung hast. Dennoch blieb über diese Zeit hinweg die Kontinuität deines Bewusstseins erhalten. Unter bestimmten Bedingungen wirst du dich vielleicht wieder daran erinnern – wie auch jenen Menschen die Erinnerungen an vergangene Leben, wenn sie denn real waren, unter bestimmten Umständen gekommen sind.

A.M.: Das ist wieder Hegels Unterscheidung zwischen „an sich" und „für sich". „An sich" wäre diese Identität erhalten geblieben. Nur eben „für mich" nicht.

L.Z.: So ist es.

A.M.: Jemand, der an Reinkarnation glaubt, müsste also sagen, dass die Identität eines jeden Menschen „an sich" vor seiner Zeugung schon vorhanden ist und sich nach seinem Tod fortsetzt. Mit dem Unterschied, dass diese Identität nur „für" die Menschen wirklich ist, die ebenfalls an Reinkarnation glauben, während sie „für" die Menschen unwirklich ist, die nicht an sie glauben.

L.Z.: Mit dem weiter gehenden Unterschied, dass auch für jene, die an Reinkarnation glauben, dieses „Für-sie-sein" ihrer Identität sehr verschiedene Qualitäten haben kann. „Für" die meisten Menschen wird sie nicht mehr bedeuten als ein allgemeines „Ich habe schon einmal gelebt" und „Ich werden wieder leben". „Für" andere verbirgt sich dahinter eine Ahnung wie „Ich habe in Palästina" oder „Ich habe in Tibet" gelebt. Für den 13. Dalai Lama bedeutet sie ganz konkret: Ich lebte bereits als 12., 11., 10. Dalai Lama um genau diese und jene Zeit und unter genau diesen und jenen Umständen. Und ich werde als 14. Dalai Lama leben – mit dem Risiko, dass mich niemand suchen und finden und erziehen wird und ich vielleicht kein Bewusstsein mehr davon haben werde.

A.M.: Unter der Voraussetzung, dass diese Identität auch „an sich" gegeben ist.

L.Z.: Natürlich.

A.M.: Das Problem der Reinkarnation bestünde nun darin, dass du mir zeigen müsstest, durch welche Relationen diese Identität „an sich" zwischen dem einen Leben und dem nächsten, also auch zwischen Tod und neuer Geburt erhalten wird, so dass also das eine Leben mit dem anderen zeitlich integriert wird.

L.Z.: So ist es.

A.M.: Das „Geistselbst" bei Rudolf Steiner ist also eine Bezeichnung für die Relationen seelischer Zustände bzw. geistiger Zustände, die die Identität zwischen dem vorigen und dem nächsten Leben, zwischen einer Inkarnation und der nächsten aufrechterhalten.

L.Z.: Ich hätte jetzt nicht gewagt, das so zu formulieren. Und ich denke, dass es mehr ist als das. Aber es steckt schon etwas Wahres darin. So wie die Identität eines Menschen und das mit dem Wort „ich" ausgedrückte Bewusstsein dieser Identität Beziehungen, Relationen ausdrücken und keine Substanzen, so sollte auch das „Geistselbst" etwas wesentlich Relationales sein. Gerade das macht sozusagen seine „Geistigkeit" aus. Ein funktionaler Zustand ist eben deshalb nichts Materielles, weil er durch nichts anderes gekennzeichnet ist als durch Beziehungen, Relationen.

A.M.: Und diese Relationen zwischen diesem und dem nächsten Leben sollten dann auch gewisse Ähnlichkeiten der beiden Menschen bedingen, wie die Liebe zum Lebendigen bei deinem Beispielmensch.

L.Z.: Das kann sein, muss aber nicht. Hier berührt unsere Diskussion die Problematik des Schicksals oder auch des Karma. Es kann sein, dass die vorangehende Inkarnation in der nächsten Ähnlichkeiten bedingt, aber auch, dass gerade solche Wesensmerkmale auftreten, die wir in der letzten nicht gelebt haben. Steiner würde wohl sogar davon ausgehen, dass es vielmehr die Folgen unserer Taten in der physischen Welt sind, die uns in der neuen Inkarnation begegnen. Für den Begriff der Reinkarnation selbst würde es aber hinreichend sein, wenn die eine Inkarnation die andere in einer solchen Weise hervorbringt, dass die Relation der Identität zwischen den beiden Menschen oder den beiden Inkarnationen dieses Menschen erfüllt wird.

A.M.: Und dieser Mensch also berechtigterweise „ich" zu etwas vor seiner Zeugung und nach seinem Tode sagen könnte.

L.Z.: So ist es.

DIE GEISTIGE WELT
ODER
ZWISCHEN TOD UND GEBURT

A.M.: Wie soll die Identität von Inkarnation zu Inkarnation denn nun aber hervorgebracht werden? Wenn ich dich richtig verstanden habe, dann ist die funktionelle Architektur, die deiner Auffassung nach unser Seelisch-Geistiges ausmacht, zwar in gewissem Maße unabhängig von ihrer jeweiligen materiellen Basis. Doch muss sie aus funktionalistischer Sicht immerhin irgendeine materielle Realisierung haben. Wenn unser Seelisch-Geistiges aber an eine materielle Basis gebunden ist, wird sie mit dem Tod unseres Körpers und dem damit verbundenen Zusammenbruch des Nervensystems keine Relationen mehr erzeugen können. Also auch nicht die Relation der Identität mit der nächsten Inkarnation. Ein lebendes System erhält sich solange als Einheit, bis es stirbt, also als Einheit im Raum zerfällt und seine Bestandteile nicht mehr reproduziert. Das Gleiche gilt für ein Nervensystem. Ist das Lebewesen tot, dann können keine neuen Zustände neuronaler Aktivität mehr erzeugt werden – und das Nervensystem hält seine Einheit nicht mehr aufrecht. Es gäbe also keine Bestandteile des autopoietischen Systems mehr, die die Identität des Lebewesens reproduzieren würden, keine neuronale Aktivität mehr, die die Identität des Nervensystems reproduzieren würde und keine seelischen Zustände mehr, die die Identität des Seelenlebens erhalten würden.

L.Z.: In der Tat würden die meisten Funktionalisten diese Auffassung vertreten. Letztendlich ist die entscheidende Frage, wie wir zu unserer funktionellen Organisation kommen und was nach unserem Tode mit ihr geschieht. Und natürlich würden hierzu die meisten Funktionalisten sagen, dass sie das Produkt von Selbstorganisationsprozessen sind, deren wesentliche Randbedingungen die „Inputs" unserer sozialen und natürlichen Umwelt und die „Grundprogramme" unserer Gene sind.

A.M.: Und mit dieser Auffassung ist die Idee der Reinkarnation natürlich vollkommen unverträglich! Das ist auch völlig verständlich. Funktionalisten behaupten zwar eine relative Unabhängigkeit des Seelisch-Geistigen vom Materiellen, sind aber in ihrer Sicht auf das Universum als Ganzes aufgeklärte Monisten, wie du sie wohl nennen würdest. Und so wird die einzige Vision von Unsterblichkeit, auf die sie kommen, Marvin Minskys Prophezeiung sein, dass wir unseren Geist irgendwann einmal in einem Computersystem abspeichern können – um uns dann im Internet oder in einem Roboter zu reinkarnieren.

L.Z.: Nicht unbedingt. Eine Denkmöglichkeit wäre wieder, dass unsere Seele nach unserem Tode statt der materiellen eine geistige Basis hat, in der sie realisiert ist, in der sich ihre Identität von der einen Inkarnation zur nächsten erhält. Die funktionelle Organisation unserer Seele könnte eine materielle und eine geistige Realisierung haben, die beide wechselweise existieren: die materielle zwischen Zeugung und Tod, die geistige zwischen Tod und neuer Zeugung.

A.M.: Eine Ideenwelt nach Platon? Eine res cogitans nach Descartes?

Ein „Jenseits" im christlichen Sinne?

L.Z.: Das wären Varianten dieser Denkmöglichkeit.

A.M.: Wenn du aber die Konstitution einer Identität von dieser Inkarnation zur nächsten wiederum nur über die Annahme einer von
der materiellen verschiedenen geistigen Realität begründen kannst,
dann führst du den alten Dualismus doch lediglich auf der Ebene des
Makrokosmos wieder ein – mit denselben Problemen, die er auf der
Ebene des Mikrokosmos auch schon hatte: Das Problem der Vermittlung der Substanzen, das Kausalitätsproblem, die zahllosen Theorien,
die die Entwicklung von menschlichem Organismus, Nervensystem
und Bewusstsein aus sich selbst heraus erklären.

L.Z.: Vielleicht gibt es aber auch auf der Ebene des Makrokosmos für
dieses Problem wieder eine Lösung jenseits eines materialistischen
Monismus auf der einen und eines Dualismus auf der anderen Seite
– wie im Falle des Seelisch-Geistigen des Menschen.

A.M.: Also so eine Art universaler Funktionalismus: Die geistige Welt
ist in der materiellen implementiert wie ein Computerprogramm auf
der Festplatte?

L.Z.: Das wäre eine Möglichkeit, die ich aber nicht für besonders reiz-
voll halte. Denn auf der Ebene des Makrokosmos würde sich so-
fort die „Ursprungsfrage" stellen, wo denn diese beiden Realitäten
herkommen. Nein. Ich denke eher an eine „diesseitige" geistige Welt.
Eine geistige Welt, die lediglich die andere Seite einer materiellen
ist. Oder eine geistige Welt, die uns lediglich als materiell erscheint.
Man kann hier allerdings auf eine mindestens ebenso lange Denk-
tradition zurückgreifen wie im Falle des Körper-Geist-Problems.

A.M.: Da bin ich aber gespannt.

PANTHEISMUS
ODER
DIE GEISTIGE WELT IN DEN DINGEN

L.Z.: Neben den vielen Philosophen und Theologen, die Gott und
die geistige Welt in einem dem Menschen unerreichbaren „Jenseits"
angesiedelt haben, gab es immer auch Menschen, die sie in unserem
„Diesseits", in unserer alltäglichen Realität gesucht haben.

A.M.: Jetzt kommt gleich: „Schon in der Antike ... "

L.Z.: Warum nicht. Wir haben uns schon über das Verhältnis von
Geist und Materie bei Aristoteles und Platon unterhalten.

A.M.: Ich erinnere mich. Platon war der mit der „Ideenwelt", die sich
jenseits unserer Sinnenwelt befindet, der Heimat der „Ideen", die
sowohl die idealen Urbilder der Dinge in der Sinnenwelt, als auch
der Begriffe unseres Denkens sind.

L.Z.: Und auch die Heimat der höchsten Ideen des Guten, Wahren und
Schönen. Diese Ideen können wir nach Platon auch mit einem
einigen Gott identifizieren, dem verborgenen „Vater", welcher noch
„jenseits des Seins" und „auf keine Weise sagbar ist". [51]

A.M.: Und Aristoteles war da anderer Meinung.

L.Z.: So ist es. Nicht eine jenseitige Ideenwelt bestimmt das Werden
der Natur und des Menschen. Nein, jedem Ding, jedem Lebewesen,
jedem Menschen wohnt ein innerer Drang nach Vollkommenheit
inne, dessen Ziel und Zweck es ist, das zu werden, was es seiner
Möglichkeit nach sein kann. Er nennt diesen Drang „Entelechie".
Nach Platon haben wir also die geistige Welt jenseits unserer Wirklichkeit zu suchen, nach Aristoteles in ihr selbst. Oder in philosophischen Begriffen: Nach Platon ist die geistige Welt gegenüber der
Sinnenwelt „transzendent", nach Aristoteles hingegen eher „immanent".

A.M.: Alle Gegensätze philosophischer Positionen scheinen sich
irgendwie in Aristoteles und Platon zu bündeln.

---

[51] Platon, Nomoi, in: Sämtliche Werke IX, Frankfurt: Insel 1991

L.Z.: Nicht unbedingt. Denn Aristoteles ist sicher nicht der beste antike Zeuge für eine diesseitige geistige Welt. Fragt man nämlich weiter, wohin denn das Streben nach Vollkommenheit in der Natur gehe, dann würde Aristoteles uns doch wieder auf ein Jenseits verweisen, auf den „unbewegten Beweger" seines berühmten kosmologischen Gottesbeweises.[52] Unter Bewegung versteht Aristoteles alles Werden, Werden wiederum im Sinne Heraklits als das Sein überhaupt. Gott ist somit das, was bewegt, ohne sich selbst zu bewegen, was werden lässt, ohne selbst zu werden, welches Grund alles Seins ist, ohne selbst zu sein. Ein Gott also, der selbst, wie wir es von Platon kennen, „jenseits des Seins" ist. Dieser Gott ist wesentlich transzendenter Geist – „nous" oder „logos".

A.M.: Die als „tätige Vernunft" auch den Teil des menschlichen Geistes ausmacht, der unsterblich ist, richtig?

L.Z.: Gut aufgepasst! Eben diese Geistigkeit hat auch der Mensch in sich, in dem „überindividuellen" Teil seiner Vernunft. Die noch geeigneteren Antipoden Platons müsste man also vor oder nach der griechischen Klassik suchen. Davor bei Heraklit, von dem Aristoteles sein Verständnis des Seins als Werden ebenso übernimmt wie den Begriff des Logos. Danach in der stoischen Philosophie. Für Heraklit ist der Logos als geistiges Prinzip selbst das ewige Werden, alles Sein hingegen bloßer Schein der Sinnenwelt. Die Stoiker machen diesen Logos in bewusster Opposition gegen Platon und Aristoteles zum göttlichen Lebenszusammenhang des Universums, der aus seiner Ganzheit alle Dinge immer wieder neu hervorbringt, und begründen so den ersten Pantheismus der europäischen Geistesgeschichte.

A.M.: Und mit dem Christentum war dann wohl erst einmal Schluss mit einer, wie du es nennst, „immanenten" geistigen Welt.

L.Z.: Nicht unbedingt. In der Philosophie und Theologie des christlichen Mittelalters mischen sich transzendente und immanente

---

[52] Aristoteles, Metaphysik, Stuttgart: Reclam 2001

Vorstellungen Gottes und der geistigen Welt in oft eigentümlicher Weise, wobei die transzendenten Momente allerdings immer überwiegen. Augustinus überliefert das Gottesbild von Platon und Aristoteles in „verchristlichter" Form dem Mittelalter. Dies bedeutete insbesondere, dass Gott nun nicht mehr als Idee oder letzte Ursache, sondern als absolute Persönlichkeit gedacht und in Analogie zu der endlichen Persönlichkeit des Menschen verstanden wurde: Der endlichen Vorstellungskraft des Menschen stand die Allweisheit Gottes gegenüber, seinem endlichen Urteilsvermögen die Allgüte Gottes und seinem endlichen Willen die göttliche Allmacht. Man nennt dieses Verständnis eines jenseitigen persönlichen Gottes „Theismus".

A.M.: Dieser „theistisch" verstandene jenseitige Gott braucht nun Engel als himmlische Sendboten, um sich den Menschen mitzuteilen.

L.Z.: Theologisch vollzog sich diese Vermittlung tatsächlich im Rückgriff auf die jüdische Tradition über die himmlischen Engelshierarchien, besonders aber natürlich über Christus als den „übernatürlich" gezeugten Sohn der Jungfrau Maria.

A.M.: Und wo bleibt die immanente Gottesvorstellung?

L.Z.: Unter den Philosophen des Mittelalters waren es besonders die Neuplatoniker, die solche Vorstellungen entwickelten. Viele von ihnen versuchten die Dinge der Welt als „Theophanien" aufzufassen, welche Gott als allgemeinste und unbestimmbare Realität in einer logischen Entwicklung aus sich hervorbringt. Sie verstehen dieselbe Natur in ihrer schaffenden Einheit als Gott, in ihrer geschaffenen Vielheit als Welt.

A.M.: Wieso Neuplatoniker? Eben hast du mir Platon doch gerade als das Paradebeispiel für jemanden präsentiert, der von einer jenseitigen geistigen Welt ausgeht.

L.Z.: Da hast du Recht. Die meisten Neuplatoniker hatten im Mittelalter einfach eine völlig falsche Vorstellung der Platonischen Ideenlehre. Das lag einerseits daran, dass die Ideenlehre dem Mittelalter zunächst nur durch die missverständliche Überlieferung der Kirchenväter bekannt war, andererseits daran, dass Platons einziger zu dieser Zeit vollständig überlieferter Dialog gerade der Timaeus war – seine einzige naturphilosophisch orientierte Schrift. Ähnlich stand es übrigens mit Aristoteles. Heute sehen wir ihn als Begründer der meisten Naturwissenschaften. Dem Mittelalter hingegen galt er als ein den Wert aller Empirie bestreitender Verfechter des reinen Denkens – da man von ihm nur die „Logik" und die „Dialektik" kannte. Die Begegnung mit der Welt der Araber brachte dann dem Hochmittelalter die Neuentdeckung der meisten Werke von Platon und Aristoteles.

A.M.: Du sagtest aber, dass im Mittelalter doch immer die Vorstellung eines jenseitigen Gottes und einer jenseitigen geistigen Welt im Vordergrund stand.

L.Z.: Richtig. Niemals äußern sich diese pantheistisch-immanenten Züge der mittelalterlichen Gottesvorstellungen in reiner Form. Zu stark ist entweder die katholische Frömmigkeit der zumeist den Mönchsorden angehörigen Philosophen oder die handgreifliche Macht der Kirche, um auf ein transzendentes Gottesverständnis völlig verzichten zu können. Die mittelalterliche Dialektik verdankt sich zu einem nicht unerheblichen Teil der Aufgabe, Gott gleichzeitig immanent und transzendent denken zu müssen. Meister Eckhart, der Vater der deutschen Mystik, erklärt einerseits die Welt aus dem schaffenden Erkennen der Dinge in Gott, durch das alle Dinge ihrem Wesen nach Gott und somit Geist sind und nur in ihrem Hier und Jetzt als sinnlich-materiell erscheinen, andererseits fasst er diesen Unterschied von göttlichem Wesen und sinnlicher Erscheinung aber in einer unüberwindlichen Unendlichkeit, die Gott wieder als jenseitiges Gegenüber erscheinen lässt. Nicolaus Cusanus schließlich beschreibt das Verhältnis von Gott und Welt über das Begriffspaar des Unendlichen und Endlichen. Unendlichkeit ist das wesentliche Merkmal Gottes. Das unendliche Sein Gottes gestaltet sich als das endliche Sein der Dinge. Was in der Endlichkeit der Welt als Gegensatz und Vielheit erscheint, findet in der Unendlichkeit Gottes seine Einheit, so wie der Gegensatz von Kreislinie und Tangente im unendlich großen Kreis eins wird – die berühmte „Coincidentia oppositorum". Die Unendlichkeit Gottes bleibt aber vom endlichen Sein aus gesehen unerreichbar, unüberbrückbar, unerkennbar und somit transzendent. In Gott selbst ist Transzendenz und Immanenz ununterscheidbar.

A.M.: Und wer nicht an einen jenseitigen Gott glaubte, kam auf den Scheiterhaufen.

L.Z.: So ähnlich. Wobei man nicht vergessen darf, dass der Scheiterhaufen erst mit dem Übergang zur Neuzeit seine größte Verbreitung fand. Überall aber, wo die Immanenz Gottes und der geistigen Welt gegenüber ihrer Transzendenz überhand zu gewinnen scheint, „argumentiert" die Katholische Kirche mit der Heiligen Inquisition. Sie trifft damit vor allem zwei Formen immanenter christlicher Spiritualität: die Mystik, die das Göttliche im Menschen selbst sucht, und den Pantheismus, der es mit der Natur selbst identifiziert. Zu ihren Opfern zählen Meister Eckhart als Vater der deutschen Mystik oder Giordano Bruno als einer der großen Pantheisten der Renaissance.

A.M.: Giordano Bruno wurde doch verbrannt, weil er das heliozentrische Weltbild vertrat!

L.Z.: Gewiss nicht. Erst 15 Jahre nach Brunos Tod hat der Papst das 1543 erschienene Hauptwerk des Nicolaus Copernicus auf den Index der verbotenen Bücher gesetzt. Brunos Zustimmung zu der in diesem Werk geäußerten Kritik am geozentrischen Weltbild kann also nicht das Urteil begründet haben. Zudem denkt er viel weiter als Copernicus mit seinem heliozentrischen Weltbild.

A.M.: Weswegen wurde er denn dann verurteilt?

L.Z.: Leider sind die Akten der römischen Inquisition zu ungenau, um die entscheidenden Anklagepunkte rekonstruieren zu können. Der offenbar bei der Urteilsverkündung anwesende Breslauer Professor Kaspar Schoppe, ein Günstling des damaligen Papstes Clemens VIII, spricht in einem Brief davon, dass Bruno „schreckliche und vollständig absurde Sachen" gelehrt habe, wie „der heilige Geist sei nichts anderes als die Weltseele, und dieses habe Moses gemeint, wenn er schreibt, der Geist Gottes schwebte über den Wassern, es gäbe unzählige Welten, unsere Welt sei von Ewigkeit her, Moses habe seine Wunder durch Magie bewirkt [...] Christus sei nicht Gott, sondern nur ein ausgezeichneter Magier gewesen und habe die Menschen betrogen und sei daher von Rechts wegen gehängt, nicht gekreuzigt worden". Zu den Vorwürfen gehörte übrigens auch seine Auffassung, „die Seele könne von einem Körper in einen anderen übergehen". [53]

A.M.: Die Renaissance war also auch die Renaissance des Glaubens an die Reinkarnation.

L.Z.: Genau. Bruno bezieht sich dabei übrigens ausdrücklich auf Pythagoras, dessen Auffassungen ich dir zu Beginn unseres Gespräches rezitiert habe.

A.M.: Ich erinnere mich. Und waren die Anklagepunkte berechtigt?

L.Z.: Zumindest der Vorwurf der Identifikation von Gott bzw. seinem Geist mit einer pantheistisch verstandenen Weltseele lässt sich in Brunos Schriften weitestgehend nachvollziehen: Zwar knüpft Bruno an die mittelalterlichen Philosophien des Thomas von Aquin und des Nicolaus Cusanus an, indem er Gott als über alle Gegensätze erhabene Unendlichkeit versteht, doch identifiziert er diese Unendlichkeit mit der Unendlichkeit des Universums, die wohl noch kein Mensch vor ihm in dieser Deutlichkeit gedacht hatte.

A.M.: Ich verstehe: Ein logisches „Nebenprodukt" dieser Gedanken ist dann natürlich auch seine Ablehnung des geozentrischen Weltbildes: In einem unendlichen Universum mit unendlich vielen Planetensystemen gibt es überhaupt keinen Mittelpunkt – weder die Erde noch ihre Sonne.

L.Z.: Doch beschränkt sich diese Unendlichkeit keineswegs auf die Endlosigkeit von Raum und Zeit. Sie umfasst vor allem die unendliche Mannigfaltigkeit von Gestaltungen, die in und mit diesem Universum möglich sind und wirklich werden. Gott wird Bruno zu einer ungeschaffenen und unvergänglichen Weltkraft, die sich in

---

[53] Teller, J. (Hg.), Giordano Bruno, Von der Ursache, dem Prinzip und dem Einen. Akten des Prozesses der Inquisition gegen Giordano Bruno, Leipzig: Reclam 1984

einem unendlichen, sinnvollen und gesetzmäßigen Prozess in immer neuen Gestalten in dieses Universum hinein entfaltet und expliziert, zur Ursache des Universums, die selbst als Prinzip des Universums mit diesem identisch ist, zur „natura naturans", die sich selbst zur „natura naturata" gestaltet. Das Wesen des Weltalls ist für ihn somit nichts anderes als Gott selbst. Doch nicht nur das Weltall als Ganzes ist ihm die Gottheit. Ganz im Sinne der Dialektik des Nicolaus Cusanus sind in der Unendlichkeit Gottes auch das Maximum und das Minimum, das Allergrößte und das Allerkleinste Eins. Gott lebt in jedem einzelnen Ding – einschließlich des Menschen. Jeder Windhauch, jeder Wassertropfen, jeder Kristall, jeder Stein, jede Pflanze, jedes Tier, jeder Mensch ist seinem Wesen nach Gott selbst –, der in deren jeweils individueller, von allen unterschiedenen Art und Weise zur Erscheinung tritt. Jedes Ding wird Bruno so zum „Spiegel" des Universums. „Und so ist es keine leere Redensart, dass Jupiter" – dessen Name Bruno als Umschreibung Gottes verwendet – „alle Dinge erfüllt, alle Teile des Universums bewohnt, das Zentrum dessen sei, was das Sein hat, als eines in allem, und dass durch ihn eines alles ist."

A.M.: Und wie erklärt er in diesem Zusammenhang die Reinkarnation?

L.Z.: Dazu findet sich leider absolut nichts in seinen Schriften. Es ist lediglich interessant, dass uns die Frage nach einer „diesseitigen" geistigen Welt ausgerechnet zu einem Philosophen führt, der auch für seine Äußerungen zum Thema der Reinkarnation verurteilt wurde.

A.M.: Und für seinen Glauben an einen diesseitigen Gott.

L.Z.: Für seine flammende Hingabe an diesen Gott wurde Giordano Bruno am 17. Februar 1600 auf dem Campo di Fiore in Rom bei lebendigem Leibe verbrannt. Und in diesem Doppelsinne sprach er wohl auch diese Worte aus seinem Gedicht „An den eigenen Geist" auf dem Wege zum Scheiterhaufen durch die Straßen Roms: „Von himmlischen Höhen winkt dir die Heimat entgegen, denn wenn ein Gott dich berührt, loderst in Flammen du auf!" [54]

[54] ebd.

MYSTIK
ODER
DIE GEISTIGE WELT IN UNS

A.M.: Und was störte die Inquisition am Werk des Meister Eckhart? War es auch hier seine immanente Gottesvorstellung?

L.Z.: Genau. Allerdings nicht so sehr der Pantheismus, den Eckhart ganz gut mit seiner Dialektik umschiffen konnte, sondern besonders sein mystisches Erleben des Göttlichen im Menschen selbst.

A.M.: Erzähl!

L.Z.: Meister Eckhart, Dominikanermönch wie ursprünglich Giordano Bruno, wird 1326 in Köln der Prozess wegen bedenklicher Äußerungen in seinen Schriften gemacht. Die Klage trifft ihn offenbar völlig überraschend. Schließlich macht er sich auf den Weg zum Papst nach Avignon, um die Vorwürfe richtig zu stellen – und stirbt auf dem Heimweg. Erst nach seinem Tode erfolgt die Verurteilung wegen 28 Sätzen aus seinem Gesamtwerk, von denen 17 als ketzerisch und 11 als verfänglich eingestuft werden. Seine Werke werden aus den Katholischen Bibliotheken entfernt – eine Maßnahme, die uns bis heute um die Überlieferung der Lehrsätze seines Hauptwerkes gebracht hat.

A.M.: Und was waren das für Sätze?

L.Z.: In einigen der verurteilten Sätze spricht sich offenbar das pantheistische Moment seines Gottesbildes aus: „Also hat Gott von dem Augenblick an, wo er war, auch die Welt erschaffen." „So kann man denn auch den Satz gelten lassen, die Welt sei von Ewigkeit her gewesen." „Gott hat in einem und demselben Akt, in dem er war und seinen gleichewigen Sohn, als ihm allzeit und völlig gleichen Gott zeugte, auch die Welt geschaffen." Die meisten der verurteilten Sätze betreffen jedoch das Verhältnis zwischen dem gläubigen Menschen, dem Vater und dem Sohn: „Der gute Mensch ist der eingeborene Sohn Gottes." „Der edle Mensch ist derselbe eingeborene Sohn Gottes, den der Vater von Ewigkeit her gezeugt hat." „Alles, was Gottvater seinem eingeborenen Sohn in der menschlichen Natur gegeben hat, das alles hat er auch mir gegeben." „Alles, was die heilige Schrift über Christus aussagt, das bewahrheitet sich auch an jedem guten und gotteinigen Menschen." Und vielleicht am radikalsten: „Alles, was der göttlichen Natur eigen ist, das ist gänzlich auch dem gerechten und gotteinigen Menschen eigen; darum wirkt auch ein solcher Mensch alles, was Gott wirkt, und er hat mit Gott zusammen Himmel und Erde geschaffen, und er ist Zeuger des ewigen Worts, und Gott wüsste ohne diesen Menschen nicht, was tun." [55]

A.M.: Das muss für einen Katholiken noch heute ziemlich provokant klingen!

L.Z.: Sicher muten diese aus dem Zusammenhang gerissenen Sätze radikaler an, als sie wirklich gemeint sind. Hinzu kommt, dass man einer dialektischen Gedankenentwicklung nie gerecht wird, wenn man nur die eine Reihe der Gegensatzpaare zitiert. Und entsprechend scheint es ohne Zweifel, dass sich Gebet, Beichte, Opfer und Kommunion des frommen Katholiken Eckhart bedenkenlos an die transzendente Seite des Gottes seiner Philosophie wenden konnten. Die immanent-pantheistische Seite seines Gottesbegriffes begründete aber auch jene mystische Art der individuellen Gottesbegegnung. Ist nämlich die gesamte Natur wie auch die menschliche Seele in ihrem Innersten göttlichen Wesens, dann kann der Mensch auch dort die Vereinigung mit Gott suchen. Das geschieht anders als bei dem meditierenden Buddhisten, den wir heute oft mit diesem Bild verbinden. Sie hebt an bei der sinnlichen Wahrnehmung und führt über die vernünftige Einsicht zum „Abscheiden" der Vielheit des Materiellen in der Natur einerseits und zur Selbstentsagung von den Eigenheiten des Seelenlebens andererseits, damit sich in reiner Gesinnung und lauterem Herzen, befreit von allem Wissen über die Erscheinungen, der göttliche „Funken" der eigenen Seele mit Gott erkennend vereinen kann. An die Stelle des zeitlichen Wissens tritt das selige Schauen Gottes, in dem Gott seinen Sohn in den Menschen hineingebiert.

---

[55] zitiert nach: Dempf, A., Meister Eckhart, Freiburg: Herder 1960

„Docta ignorantia" nennt Nicolaus Cusanus diesen Zustand, ein Nicht-wissen als Wissen von jenem Nichts, das der absolute Seinsgrund ist, ein Zustand, der in Liebe erkannt und durch Erkenntnis geliebt wird.

A.M.: Erstaunlich, dass Meister Eckhart mit einer solchen abgeschie-denen Lebensweise der Inquisition aufgefallen ist.

L.Z.: Keineswegs. Abgeschiedenheit ist hier ausschließlich in einem spirituellen Sinne gemeint. Eckhart war alles andere als ein weltab-gewandter Einsiedler. Er war lange Zeit theologischer Lehrer an der Pariser Universität, seit 1304 Provinzial bzw. Generalvikar der Or-densprovinzen Sachsen und Böhmen. Von ihm sind etliche Predigten überliefert, in denen er sich an einfache Nonnen und Mönche wendet. Eindrücklich schildert Meister Eckart seine Vorstellungen Gottes und der geistigen Welt mit ihren lebenspraktischen Konsequenzen in einer seiner Predigten: „Hierum sagt das Wörtlein, das ich euch vorgelegt habe: ‚Gott hat seinen eingeborenen Sohn in die Welt ge-sandt'; das dürft ihr nicht im Hinblick auf die äußere Welt verstehen, wie er mit uns aß und trank: Ihr müsst es verstehen mit Bezug auf die innere Welt. Hier ist Gottes Grund mein Grund und mein Grund Gottes Grund. Hier lebe ich aus meinem Eigenen, wie Gott aus sei-nem Eigenen lebt. Wer in diesen Grund je nur einen Augenblick lang lugte, dem Menschen sind tausend Mark roten, geprägten Goldes soviel wie ein falscher Heller. Aus diesem innersten Grunde sollst du alle deine Werke wirken ohne Warum. Ich sage fürwahr: So lange du deine Werke wirkst um des Himmelreiches oder um Gottes oder um deiner ewigen Seligkeit willen, also von außen her, so ist es wahrlich nicht recht um dich bestellt [...] Denn wahrlich, wenn einer wähnt in Innerlichkeit, Andacht, süßer Verzücktheit und in besonderer Begnadung Gottes mehr zu bekommen als beim Herdfeuer oder im Stalle, so tust du nicht anders, als ob du Gott nähmest, wändest ihm einen Mantel um das Haupt und schöbest ihn unter eine Bank. Denn wer Gott in einer bestimmten Weise sucht, der nimmt die Weise und verfehlt Gott, der in der Weise verborgen ist. Wer aber Gott ohne Weise sucht, der erfasst ihn, wie er in sich selbst ist; und ein solcher

Mensch lebt mit dem Sohne, und er ist das Leben selbst." [56]

A.M.: Dass man mit solch einer Predigt Probleme mit der Kirche bekommt, kann ich mir schon vorstellen.

L.Z.: Sicher. Der Grund dafür ist offensichtlich: Die gesamte katholische Kirche verdankt ihre Existenzberechtigung den Sakramenten,
zu deren Erteilung sie sich durch die Nachfolge Petri und den Weihe-
strom ihrer Priester ermächtigt hält. Nur sie sollen die Vereinigung
des sündigen diesseitigen Menschen mit dem jenseitigen dreieinigen
Gott und somit die Bewahrung vor dem Höllenfeuer möglich machen
können. Nach pantheistischen Lehren wie jener des Giordano Bruno
lebt dieser Gott aber in allem, was uns umgibt, nach mystischer
Auffassung nicht zuletzt in uns selbst. Was kann dann aber noch die
Rolle der Kirche, ihrer Heiligen Messe, ihrer Absolution, ihrer Taufen
und Weihen sein? Wo ist der Platz für Himmel und Hölle, Schöpfung und Jüngstes Gericht für eine in ihrem Wesen göttliche Seele in
einem wahrhaft unendlichen göttlichen Universum?

A.M.: War diese Furcht vor Pantheismus und Mystik denn wirklich
berechtigt?

L.Z.: Durchaus. Pantheismus und Mystik in Reinkultur ist im Mittelalter Sekten und Geheimlehren wie den Waldensern oder „Brüdern
vom freien Geiste" vorbehalten. Und die bleiben zwar in der Tiefe
ihrer Gedanken weit hinter den Meistern der Mystik und Scholastik
zurück, ziehen aber umso radikaler die von der katholischen Kirche
befürchteten Konsequenzen für Laienglauben und Kultus. Sie
leugnen Hölle und Fegefeuer, sehen in Christus einen erleuchteten
Menschen, deuten Auferstehung und Himmelfahrt als spirituelle
Erlebnisse dieses Menschen Jesus, halten Priester und Theologen
für ebenso überflüssig wie Beichte und Messe, verehren Gott als die
Natur im und um den Menschen, empfinden den Geist Gottes als
das mystische Erleben der Einheit mit diesem Gott – und sterben
schon Anfang des 14. Jahrhunderts zu Hunderten auf den Scheiterhaufen der Inquisition.

[56] ebd.

MONISMUS
ODER
DER WERDENDE GOTT

A.M.: Das erinnert mich alles an das, was du ganz zu Anfang von Spinoza berichtet hast. Vielleicht finden wir ja auch bei ihm einen Schlüssel für das Verständnis einer diesseitigen geistigen Welt, mit der du die Erhaltung der Identität zwischen Tod und neuer Geburt erklären könntest.

L.Z.: Natürlich. In der neuzeitlichen Philosophie gewinnt unsere Frage nach dem Verhältnis von geistiger und materieller Welt ebenso ihre spezifische Form in der Diskussion um den Substanzbegriff wie jene um das Körper-Geist-Problem.

A.M.: Also wieder Monismus und Dualismus. Nach dem Dualismus à la Descartes sind geistige Welt und materielle Welt ebenso „substanziell" verschieden wie menschliche Seele und menschlicher Körper.

L.Z.: Nur dass die Vermittlung von Seele und Körper über die Zirbeldrüse erfolgt, während für die Vermittlung von geistiger Welt und Sinnenwelt Gott bemüht werden muss. Für Spinoza hingegen existiert nur eine einzige, unendliche, ungeschaffene und unvergängliche Substanz. Und die ist Gott selbst.

A.M.: Sie weist, wenn ich mich richtig erinnere, zwei für den Menschen erkennbare Attribute auf: In ihrer Ausdehnung in Raum und Zeit erscheint sie als Natur, im Denken erscheint sie als menschliches Seelenleben. Alle Naturdinge sind Modi der göttlichen Substanz unter ihrem Attribut der Ausdehnung, alle seelischen Erlebnisse des Menschen sind Modi dieser Substanz unter dem Attribut des Denkens.

L.Z.: Genau. Der Pantheismus gewinnt hier seine neuzeitliche Gestalt: Wie Nicolaus Cusanus und Giordano Bruno bedient sich Spinoza hier der Begriffe „natura naturans" und „natura naturata": „Natura naturans" ist Gott als allgemeines Weltwesen, „natura naturata" als Wesen der Einzeldinge. Mit anderen Worten: Die Sinnenwelt und die geistige Welt sind identisch, sie erscheinen dem Menschen lediglich unter verschiedenen Attributen.

A.M.: Und Baruch de Spinoza bleibt in den Niederlanden das Schicksal Brunos erspart. Als Jude trifft ihn nicht die Exkommunikation, sondern der Bannfluch der Amsterdamer Synagoge.

L.Z.: Nicht nur die katholische Kirche hatte ihre Probleme mit dem Pantheismus!

A.M.: Und wie ging es dann weiter?

L.Z.: Der Aufklärung verdanken wir die erste, noch inkonsequente Kritik des Theismus in Form der Philosophie Kants, ebenso wie die geradezu poetische Ausführung eines Pantheismus im Werk Shaftesburys. Die große Rechtfertigung der Jahrhunderte lang geschmähten Geister einer immanenten geistigen Welt vollzieht sich aber in jener Geistesströmung, die in Deutschland als Gegenentwurf und Fortsetzung der Aufklärung entstand und sich vom Sturm und Drang über die deutsche Klassik zur Romantik entfaltete. Hegel entdeckt in Meister Eckart den Vater der deutschen Philosophie überhaupt. Schelling beruft sich in seinem Werk auf Giordano Bruno. Der junge Goethe teilt seine Begeisterung für den Pantheismus von Spinoza mit Männern wie Herder oder Schleiermacher. Schiller und Herder machen Shaftesbury in Deutschland bekannt. Novalis verherrlicht die Ideale der deutschen Mystik. Doch bleibt es nicht bei der Rezeption. Die Nähe zwischen einem pantheistischen Gottesverständnis und der auf den individuellen Menschen bezogenen Spiritualität der Mystik, die bislang eher gespürt als gedacht wurde, gewinnt im Entwicklungsdenken dieser Geistesströmung ihre großartige Synthese. Goethe schreibt über diese göttlich verstandene Natur in seinem berühmten Fragment: „Es ist ein ewiges Leben, Werden und Bewegen in ihr, und doch rückt sie nicht weiter. Sie verwandelt sich ewig, und ist kein Moment Stillestehen in ihr. Fürs Bleiben hat sie keinen Begriff, und ihren Fluch hat sie ans Stillestehen gehängt [...] Sie hat sich einen eigenen allumfassenden Sinn vorbehalten, den ihr niemand abmerken kann." Und doch mutmaßt er über diesen Sinn: „Sie scheint alles auf Individualität angelegt zu haben ... " – vorsichtig, denn er fügt hinzu: „... und macht sich nichts aus Individuen."[57] Am deutlichsten wird sein konsequenter Monismus aber sicher in der Maxime seiner Erkenntnistheorie: „Man suche nur nichts hinter den Phänomenen; sie selbst sind die Lehre".

A.M.: Was wir damals vom Menschen gesagt haben, trifft also auch auf die Natur als ganze zu: Es gibt nur eine Wirklichkeit, in der „die Materie nie ohne Geist, der Geist nie ohne Materie existiert".

L.Z.: Im ersten Ansatz ja. Schelling vollzieht diese Synthese schon konsequenter, gewissermaßen von der anderen Seite her. Sein Ausgangspunkt ist die „intellektuelle Anschauung": „Uns allen nämlich wohnt ein geheimes, wunderbares Vermögen bei, uns aus dem Wechsel der Zeit in unser innerstes, von allem, was von außen her hinzukam, entkleidetes Selbst zurückzuziehen und da unter der Form der Unwandelbarkeit das Ewige in uns anzuschauen." [58] Dieses Ewige im Grunde der Menschenseele ist ganz im Sinne des Meister Eckhart und der christlichen Mystik das Absolute, das Göttliche selbst. Es ist aber auch im Sinne des Pantheismus eines Giordano Bruno oder Baruch de Spinoza der Urgrund der Natur, des Universums, der Wirklichkeit überhaupt, so dass es für Schelling letztlich „kein Wirkliches weder in uns noch außer uns gibt als das Göttliche". Will der Mensch diese Wirklichkeit verstehen, muss er sich in jenen absoluten Grund seiner Seele versetzen. Er tut dies in der Religion, in der Philosophie, vor allem aber in der Kunst, als der für Schelling höchsten Ausdrucksform dieses absoluten Geistes. Die Natur ergibt sich von diesem Standpunkt aus gedacht als ein einziger in all seinen Gliedern belebter Organismus, der sich auf nichts anderes hinentwickelt als den menschlichen Geist. „Die Natur ist das werdende Ich".

A.M.: Und jetzt kommt sicher noch Hegel.

L.Z.: Wie sollte es anders sein. Den letzten Schritt dieser Synthese vollzieht in der Tat Hegel, indem er selbst Gott, der für all die Denker vor ihm, auch noch für Schelling, das unwandelbare und vollkommene Absolute war, in seiner Entwicklung denken will:

---

[57] Goethe, J.W.v., Die Natur, Fragment, Werke, Bd. 12, Berlin: Aufbau 1966
[58] Schelling, F.J., Ges. Werke, Bd.1, München 1927

„Das Wahre ist das Ganze. Das Ganze aber ist nur das durch seine Entwicklung sich vollendende Wesen. Es ist von dem Absoluten zu sagen, dass es wesentlich Resultat, dass es erst am Ende das ist, was es in Wahrheit ist; und hierin eben besteht seine Natur, Wirkliches, Subjekt, oder Sich-selbst-werden zu sein." [59] In diesem Absolut-Werden des pantheistisch verstandenen Göttlichen weist Hegel dem Menschen einen entscheidenden Platz zu. Gott realisiert sich in der Schöpfung der Welt. Er verwandelt sich in die Welt, ergießt sich in sie, doch er entfremdet sich dabei seiner selbst, verliert das Bewusstsein seiner selbst. Gott und die geistige Welt existieren nun nicht mehr außerhalb der Wirklichkeit, sondern sind in einem monistisch-pantheistischen Sinne diese Wirklichkeit selbst. Im Menschen, in der Entwicklung des menschlichen Geistes, namentlich in Kunst, Religion und Philosophie gelangt Gott zum Bewusstsein seiner selbst. Zu Beginn dieses geschichtlichen Prozesses sieht sich der Mensch einer materiellen Welt gegenüber. Immer mehr wird ihm aber bewusst, dass diese Welt ihrem Wesen nach geistig ist. Die geistige Welt ist unsere „diesseitige" Wirklichkeit. Sie erscheint uns materiell. Ihrem Wesen nach ist sie Geist.

GEISTIGE WAHRNEHMUNG
ODER
ZWISCHEN PHILOSOPHIE UND ANTHROPOSOPHIE

A.M.: Mit all dem willst du mir also zeigen, dass man eine geistige Welt denken und erleben kann, ohne damit den alten Dualismus von Geist und Materie unterstellen zu müssen.

L.Z.: Und dass man eine geistige Erhaltung der Identität eines Menschen zwischen Tod und neuer Geburt denken kann, ohne eine

---

[59] Hegel, G.W.F., Sämtliche Werke, Ed. Glockner, Bd.2, Phänomenologie des Geistes, Stuttgart 1932

jenseitige geistige Welt annehmen zu müssen.

A.M.: Diesen letzten Schritt kann ich aber beim besten Willen nicht nachvollziehen. Alle Vertreter eines Reinkarnationsgedanken, von denen wir bisher gesprochen haben, gehen von einer jenseitigen geistigen Welt aus – abgesehen von Giordano Bruno vielleicht. Angefangen von der Ideenwelt Platons bis hin zu der geistigen Welt Rudolf Steiners.

L.Z.: Was Platon betrifft, gebe ich dir natürlich Recht, was Rudolf Steiner betrifft allerdings nicht. Sein philosophisches Hauptwerk „Die Philosophie der Freiheit" ist nämlich ein eindeutiges Bekenntnis zum Monismus, wo es zum Beispiel heißt: „Die einheitliche Welterklärung oder der hier gemeinte Monismus entnimmt der menschlichen Erfahrung die Prinzipien, die er zur Erklärung der Welt braucht. Die Quellen des Handelns sucht er ebenfalls innerhalb der Beobachtungswelt, nämlich in der unserer Selbsterkenntnis zugänglichen Natur, und zwar in der moralischen Phantasie. Er lehnt es ab, durch abstrakte Schlussfolgerungen die letzten Gründe für die dem Wahrnehmen und Denken vorliegende Welt außerhalb derselben zu suchen." Ganz im pantheistischen Sinne impliziert dies auch ein völlig immanentes Gottesverständnis: „Das gemeinsame Urwesen, das alle Menschen durchdringt, ergreift somit der Mensch in seinem Denken. Das mit dem Gedankeninhalt erfüllte Leben in der Wirklichkeit ist zugleich das Leben in Gott. Das bloß erschlossene, nicht zu erlebende Jenseits beruht auf einem Missverständnis derer, die glauben, dass das Diesseits den Grund seines Bestandes nicht in sich hat. Sie sehen nicht ein, dass sie durch das Denken das finden, was sie zur Erklärung der Wahrnehmung verlangen." [60]

A.M.: Das überrascht mich jetzt aber wirklich. Nach allem, was ich von dir bisher über Steiner gehört habe, habe ich mir seine „geistige Welt" als ein „Jenseits" vorgestellt, in dem „höhere Mächte" unser Schicksal „weben", in das wir eingehen in der Zeit zwischen Tod

---

[60] Steiner, R., Philosophie der Freiheit, Dornach: Steiner-Verlag 1987

und neuer Geburt, von der aus Engel das Weltgeschehen beeinflussen. All das, was du am Anfang von den seelischen und geistigen Wesensgliedern des Menschen, ja schon von Äther- und Astralleib erzählt hast, scheint doch etwas vom physischen Leib „substanziell" Verschiedenes zu sein? Ganz zu schweigen von Elementarwesen, Gruppen- oder Volksseelen, von denen die Anthros immer so gern erzählen

L.Z.: Sicher scheint das auf den ersten Blick wenig mit einem Monismus zu tun zu haben. Steiner selbst stellt den Zusammenhang zwischen „Philosophie der Freiheit" und seinen späteren anthroposophischen Schriften im zweiten Zusatz zur Neuausgabe seines frühen Hauptwerkes im Jahr 1918[61] her: „Die Darstellung dieses Buches ist aufgebaut auf dem rein geistig erlebbaren intuitiven Denken, durch das jegliche Wahrnehmung in die Wirklichkeit erkennend hineingestellt wird. Es sollte in dem Buche mehr nicht dargestellt werden, als sich von dem Erlebnis des intuitiven Denken aus überschauen lässt [...] Damit ist in dem Denken das Element gekennzeichnet, durch das der Mensch in die Wirklichkeit sich geistig hineinlebt. (Und niemand sollte eigentlich diese auf das erlebte Denken gebaute Weltanschauung mit einem bloßen Rationalismus verwechseln.) Aber andererseits geht doch wohl aus dem ganzen Geiste dieser Darlegungen hervor, dass das Wahrnehmungselement für die menschliche Erkenntnis eine Wirklichkeitsbestimmung erst erhält, wenn es im Denken ergriffen wird. Außer dem Denken kann die Kennzeichnung der Wirklichkeit nicht liegen. Also darf nicht etwa vorgestellt werden, dass die sinnliche Art des Wahrnehmens die einzige Wirklichkeit verbürge. Was als Wahrnehmung auftritt, das muss der Mensch auf seinem Lebenswege schlechterdings erwarten. Es könnte sich nur fragen: Darf aus dem Gesichtspunkte, der sich bloß aus dem intuitiv erlebten Denken ergibt, berechtigt erwartet werden, dass der Mensch außer dem Sinnlichen auch Geistiges wahrnehmen könne? Dies darf erwartet werden. Denn, wenn

[61] ebd.

auch einerseits das intuitiv erlebte Denken ein im Menschengeiste sich vollziehender tätiger Vorgang ist, so ist es andererseits zugleich eine geistige, ohne sinnliche Organe erfasste Wahrnehmung. Es ist eine Wahrnehmung, in der der Wahrnehmende selbst tätig ist, und es ist eine Selbstbetätigung, die zugleich wahrgenommen wird. Im intuitiv erlebten Denken ist der Mensch in eine geistige Welt auch als Wahrnehmender versetzt. Was ihm innerhalb dieser Welt als Wahrnehmung so entgegentritt wie die geistige Welt seines eigenen Denkens, das erkennt der Mensch als geistige Wahrnehmungswelt. Zu dem Denken hätte diese Wahrnehmungswelt dasselbe Verhältnis wie nach der Sinnenseite hin die sinnliche Wahrnehmungswelt. Die geistige Wahrnehmungswelt kann dem Menschen, sobald er sie erlebt, nichts Fremdes sein, weil er im intuitiven Denken schon ein Erlebnis hat, das rein geistigen Charakter trägt. Von einer solchen geistigen Wahrnehmungswelt sprechen eine Anzahl der von mir nach diesem Buche veröffentlichten Schriften. Diese „Philosophie der Freiheit" ist die philosophische Grundlegung für diese späteren Schriften. Denn in diesem Buche wird versucht, zu zeigen, dass richtig verstandenes Denk-Erleben schon Geist-Erleben ist."

A.M.: Jetzt bin ich es, der nichts mehr versteht!

L.Z.: Um diese Darstellung verstehen zu können, muss man wissen, dass für Steiner Denken keineswegs ein rein subjektiver Prozess ist. Im Denken setzen wir Wahrnehmungen durch Begriffe in Beziehung zueinander. Diese Begriffe entstammen nach Steiners Auffassung unseren Intuitionen. Sie stellen aber nichtsdestoweniger eine ideelle Komponente unserer Erfahrung dar. „Nicht an den Gegenständen liegt es, dass sie uns zunächst ohne die entsprechenden Begriffe gegeben werden, sondern an unserer geistigen Organisation. Unsere totale Wesenheit funktioniert in der Weise, dass ihr bei jedem Dinge der Wirklichkeit von zwei Seiten her die Elemente zufließen, die für die Sache in Betracht kommen: von Seiten des Wahrnehmens und des Denkens." [62] In diesem Sinne

[62] ebd.

meint Steiner also in seinem Zusatz zur Neuausgabe, dass eine geistige Wahrnehmung über die sinnliche hinausgehen kann, indem sie das wahrnimmt, was sonst nur gedacht werden kann. Die sinnliche Wahrnehmung empfindet mit Hilfe der Sinnesorgane die Dinge, das Denken setzt diese Wahrnehmung mit seinen Begriffen in Beziehung, die geistige Wahrnehmung kann diese vom Denken hergestellten Beziehungen und Begriffe wahrnehmen. Sinnliche und geistige oder „übersinnliche" Wahrnehmung beziehen sich also auf dieselbe Wirklichkeit. Geistige Wahrnehmung und Denken beziehen sich auf dieselben Aspekte der Wirklichkeit, nur erscheinen sie der geistigen Wahrnehmung als Empfindungen oder Dinge oder Wesen mit verschiedenen Eigenschaften, während sie dem Denken als in Begriffen gefasste Beziehungen erscheinen. Wobei sicher das Denken der geistigen Wahrnehmung ebenso folgen wie vorangehen kann, ebenso das zunächst geistig Wahrgenommene durchdacht, wie das zunächst Gedachte geistig wahrgenommen werden kann.

A.M.: Jetzt verstehe ich. Dass etwas als Beziehung oder Relation gedacht werden und gleichzeitig empfunden oder als Gegenstand wahrgenommen werden kann, ist keineswegs erstaunlich, denn unsere Wahrnehmung beruht neuronal ja eben gerade auf der Herstellung von Relationen der Aktivitäten von Sinnes- und Nervenzellen in den Sinnesorganen und dem Gehirn. Wenn wir also das durchdenken, was wir wahrnehmen, werden wir immer auf Relationen von Sinnesreizen stoßen, die Grundlage dieser Wahrnehmung sind.

L.Z.: Genau wie du das schon ausführlich dargestellt hast. Unsere gesamte sinnliche Wahrnehmung beruht darauf, dass uns Relationen von Reizen in Form von Empfindungen oder Dingen mit verschiedenen Eigenschaften erscheinen, was wir im Nachhinein aber auch wieder als Relation oder Beziehung von Reizen denken können. Du hast mir das ja so anschaulich an der Oma mit ihrem Strickzeug im Schaukelstuhl erläutert. Unsere Wahrnehmung der Großmutter entsteht, indem unser Gehirn all die in Form neuronaler Aktivität repräsentierten Sinneseindrücke durch die Synchronisation dieser

Aktivität in Beziehung setzt. Wir können natürlich auch über diese Beziehungen oder Relationen nachdenken. Im Prinzip haben wir ja genau das gemacht, als du mir die neuronalen Grundlagen dieser Wahrnehmungen erklärt hast.

A.M.: Und selbst die einzelnen Sinnesempfindungen entstehen auch wieder dadurch, dass Relationen der Aktivität von Sinneszellen hergestellt werden, wie wir am Beispiel der Farbempfindung gesehen haben. Und auch darüber haben wir schließlich nachgedacht.

L.Z.: Unser Denken geht aber auch über diese Wahrnehmungen hinaus, indem es sie durch Begriffe in Beziehung setzt und so bereits eine „übersinnliche Wirklichkeit" erfahrbar werden lässt. Wir nehmen Blitz, Donner und Regenguss wahr und setzen sie mit unserem Begriff des Gewitters in Beziehung. Wobei dieser Begriff natürlich verschieden komplexe Beziehungen oder Relationen zulässt, je nachdem, wie genau unsere meteorlogischen und physikalischen Kenntnisse sind.

A.M.: Geistige Wahrnehmung sollte nun also das wahrnehmen, was im alltäglichen Erkennen nur dem Denken oder noch nicht einmal dem Denken zugänglich ist, also als Form, Bild oder Ding „sehen", was dem Denken allenfalls Begriff oder Relation ist.

L.Z.: So ist es. In seinem Buch „Goethes Weltanschauung" nimmt Steiner eine solche seiner Auffassung nach geistige Wahrnehmung im Gegensatz zu einem vom Verstand ausgebildeten Begriff zum Ausgangspunkt seiner Darstellung. Goethe habe eines Tages Schiller seine Anschauungen zur Urpflanze dargelegt und „mit manchen charakteristischen Federstrichen eine symbolische Pflanze" gezeichnet. „Diese symbolische Pflanzengestalt sollte die Wesenheit ausdrücken, die in jeder einzelnen Pflanze lebt, was für besondere Formen eine solche auch annimmt. Sie sollte das sukzessive Werden der einzelnen Pflanzenteile, ihr Hervorgehen auseinander und ihre Verwandtschaft untereinander zeigen", die Goethes Erfahrungen in der Untersuchung von Pflanzen wiedergibt. Schiller habe ihm kopfschüttelnd entgegnet: „Das ist keine Erfahrung. Das ist eine Idee."

Goethe daraufhin: „Das kann mir sehr lieb sein, wenn ich Ideen habe, ohne es zu wissen, und sie sogar mit Augen sehe." Goethe nimmt also dort etwas – geistig – wahr, was Schiller nur als Beziehung zwischen Wahrnehmungen mit Hilfe eines Begriffes bzw. einer Idee denken kann. In Steiners Worten: „Für Goethe gibt es nur eine Quelle der Erkenntnis, die Erfahrungswelt, in welcher die Ideenwelt eingeschlossen ist. Für ihn ist es unmöglich zu sagen: Erfahrung und Idee, weil ihm die Idee durch geistige Erfahrung so vor dem geistigen Auge liegt, wie die sinnliche Welt vor dem physischen." [63]

A.M.: Ich verstehe. Goethe hatte also nach Steiners Auffassung eine geistige Wahrnehmung der Urpflanze.

L.Z.: Jawohl. Sehr deutlich sehen wir diesen Zusammenhang auch in den Nebenübungen, die uns Steiner in seinem Buch „Wie erlangt man Erkenntnisse der höheren Welten?" [64] empfiehlt, um auch einmal solche geistigen Wahrnehmungen haben zu können: Er schlägt uns beispielsweise vor, ein Samenkorn ganz genau in seinen Eigenschaften zu betrachten, zu überlegen, was für eine vielgestaltige Pflanze entstehen wird, wenn wir dieses Samenkorn aussäen würden, um uns weiterhin möglichst genau vorzustellen, wie sich diese Pflanze mit Hilfe von Erde und Licht entwickeln wird. Wenn wir das tun, dann versuchen wir die Beziehungen zwischen Samen, Erde, Licht und entwickelter Pflanze, die wir im Begriff des Pflanzenwachstums denken können, in eine geistige Vorstellung zu verwandeln, die später vielleicht einmal eine geistige Wahrnehmung der im Samen der Pflanze wirkenden „Bildekräfte" oder ihres „Ätherleibes" werden kann.

A.M.: Ich verstehe. Allerdings scheinen mir solche „übersinnlichen" Wahrnehmungen gar nicht so ungewöhnlich zu sein. Wenn ich aus dem Fenster blicke, sehe ich den Wind in den Bäumen. Vielleicht ist diese Ausdrucksweise angemessener als die scheinbar erkenntnistheoretisch korrektere: Ich sehe, dass sich die Bäume bewegen und

---

[63] Steiner, R., Goethes Weltanschuung, Dornach: Steiner-Verlag 1985
[64] Steiner, R., Wie erlangt man Erkenntnisse der höheren Welten, Dornach: Steiner-Verlag 1990

denke daraufhin, dass es der Wind ist, der sie bewegt. Vielleicht sehe ich auch hier etwas, was der Verstand durch die Beziehung denkt, die er zwischen Wind und Bewegung der Bäume über den Kausalitätsbegriff herstellt. Wenn ich in ein Zimmer mit einer kleinen Gruppe von Menschen trete, „nehme" ich sehr schnell die gespannte oder freundliche Atmosphäre unter ihnen „wahr". Hier ist es sogar oftmals ausgesprochen schwierig, denkend nachzuvollziehen, woher dieser Eindruck kommt, welche Beziehungen von Köperhaltungen, Bewegungen und Blicken dafür zuständig sind. Überhaupt scheint mir aus neurobiologischer Sicht der Unterschied zwischen Verstand und Wahrnehmung überhaupt nicht so tiefgreifend wie das die meisten Philosophen offensichtlich denken.

L.Z.: Ich weiß nicht, ob das, was du da als übersinnliche Wahrnehmung schilderst, dasselbe ist, wie das, was Steiner damit meint. Um das beurteilen zu können, müsste ich wahrscheinlich selbst schon wirkliche geistige Wahrnehmungen gehabt haben. Aber auch an vielen Stellen von Steiners im engeren Sinne anthroposophischen Schriften wird deutlich, dass geistige Wahrnehmung und sinnliche Wahrnehmung sich auf eine einzige Erfahrungswelt beziehen, die wir lediglich auf verschiedenen Wegen erkennen. So schreibt er in der „Theosophie" in klar monistischem Sinne: „Die Seelen- und Geisteswelt sind nichts neben oder außer der physischen, sie sind nicht räumlich von dieser getrennt. So wie für den operierten Blindgeborenen die vorherige finstere Welt in Licht und Farben erstrahlt, so offenbaren dem seelisch und geistig Erweckten Dinge, die ihm zuvor nur körperlich erschienen waren, ihre seelischen und geistigen Eigenschaften. Allerdings füllt sich diese Welt auch mit Vorgängen und Wesenheiten, die für den nicht seelisch und geistig Erweckten völlig unbekannt bleiben." [65]

A.M.: Das sind dann die berühmten Elementarwesen in der Anthroposophie?

---

[65] Steiner, R., Theosophie, Dornach: Steiner-Verlag 1994

L.Z.: Zum Beispiel. Er macht ebenso deutlich, dass diese seelischen und geistigen Eigenschaften, Vorgänge und Wesenheiten keineswegs stofflich-verdinglicht, also substanziell verschieden wahrgenommen werden: „Es wäre für viele Menschen gar nicht so schwer, wie es wirklich ist, etwas von diesen ‚höheren Welten‘ zu wissen – zunächst allerdings nur das Elementare – , wenn sie sich nicht vorstellten, dass es doch wieder etwas verfeinertes Physisches sein müsse, was sie wahrnehmen sollen." Bei „geistigen Wesenheiten" handelt es sich also um nichts, dem eine von den sinnliche Dingen verschiedene Substanz zugrunde liegen würde. Man wird sie zwar als Wesen wahrnehmen, sollte sie aber eben als in Begriffe gefasste Relationen denken. Letztendlich zielt seine immer wieder geäußerte Einladung an den „noch nicht erweckten" Leser, das von ihm geistig Wahrgenommene denkend nachzuvollziehen und zu beurteilen, genau dorthin: seine geistigen Wahrnehmungen in Begriffe zu übersetzen, die sinnlich Wahrgenommenes in Beziehung setzen können.

A.M.: Also nichts mit Gartenzwergen.

L.Z.: Tut mir leid. Das war aber auch nicht unser Thema. Es sollte also kein Zweifel daran bestehen, dass Steiner das Programm eines konsequenten Monismus, dem er sich in seiner „Philosophie der Freiheit" verschrieben hatte, bis in seine späteren anthroposophischen Werke hinein fortgeführt hat, dass wir ihn also in jener philosophiegeschichtlichen Tradition zu verstehen haben, die von Heraklit über die Stoa, Meister Eckart, Bruno und Spinoza bis hin zu Goethe, Schelling und Hegel die geistige Welt konsequent in ihrer Diesseitigkeit gedacht hat.

A.M.: Allerdings kann ich auch in diesem Zusammenhang noch wenig mit Begriffen wie „Ätherleib" und „Astralleib" anfangen.

L.Z.: Unter Voraussetzung eines Monismus sollte sich konsequenterweise das, was Steiner als Äther- und Astralleib geistig wahrnimmt, auch in biologische oder psychologische Begrifflichkeiten übersetzen lassen, mit denen wir die beobachtbaren Entwicklungsstadien oder kognitive, volitive und emotionale Vorgänge eines Lebewesens denkend miteinander in Beziehung setzen.

A.M.: So wie wir eben das, was für Steiner als „Geistselbst" geistig wahrnehmbar gewesen sein wird, als Begriff re-interpretiert haben, der die verschiedenen Inkarnationen in Beziehung oder eben in Relation zueinander setzt.

L.Z.: So ist es.

REINKARNATION
ODER
Am Ende der Fragen

A.M.: Gut. Nach allem, was du mir erzählt hast, kann ich mir vorstellen, dass unsere Wirklichkeit je nach Betrachtung ebenso geistig wie sinnlich erscheinen kann. Ich ahne vielleicht sogar, wie man Aspekte dieser Wirklichkeit gleichzeitig „geistig wahrnehmen" und über Begriffe in Relationen gesetzt denken kann – auch wenn ich keine Ahnung habe, wie es sein könnte, so eine Wahrnehmung zu haben. Nach wie vor völlig unklar ist mir aber, wie ich mir Relationen in dieser geistig-materiellen Wirklichkeit vorstellen soll, die eine Identität von einer Inkarnation zur nächsten schaffen und von Rudolf Steiner offenbar als diese Identität auch wahrnehmbar gewesen sein sollen.

L.Z.: Darauf habe ich letztendlich noch keine Antwort. Vielleicht erhält sich unsere Identität zwischen Tod und neuer Geburt durch all das, was nach den wissenschaftlichen Auffassungen von heute die Entwicklung der menschlichen Seele beeinflusst. Vielleicht ist unsere Identität von unserer letzten Inkarnation über die Erziehung und die ganze natürliche und kulturelle Umwelt konstituiert, die neben unseren genetischen Veranlagungen unsere jetzige Inkarnation bestimmen. Vielleicht bewirkt alles, was wir tun, seinerseits über unser Wirken auf andere Menschen, die menschliche Gesellschaft, Kunst,

Kultur, Wissenschaft, ja vielleicht sogar die Natur seinerseits Veränderungen, in denen unsere Identität erhalten bleibt, die irgendwann
unter Erhaltung unserer Identität in eine neue Inkarnation führen.

A.M.: Und wie soll das passieren?

L.Z.: All das, was wir in der Welt bewirken, entstammt unserer Persönlichkeit, hat in ihr einen ganzheitlichen Zusammenhang. Vielleicht findet sich das alles in einer späteren Ganzheit wieder zusammen, die dieses Wirken fortsetzt?

A.M.: So wie ein Virus, dessen Bausteine sich auch wieder selbst zu
einem Ganzen organisieren, wenn man sie voneinander trennt?

L.Z.: Kein schönes Bild! Aber vielleicht so ähnlich. Oder wie ein Holo-
gramm, das noch in allen seinen Teilen zu sehen ist, wenn es zerstört
wird.

A.M.: Glaubst du das wirklich?

L.Z.: Ich weiß es nicht. Vielleicht liegen all dem geistige Zusammenhänge zugrunde, die wir heute noch nicht einmal denken, geschweige denn geistig wahrnehmen können. Steiner berichtet ja vieles über
das Schicksal des Geistselbstes zwischen Tod und neuer Geburt, was
er in seinen geistigen Wahrnehmungen gesehen zu haben scheint.
Das alles begrifflich zu denken, ist vielleicht Generationen vorbehalten, die noch längst nicht geboren sind. Vielleicht liegen dem sogar
physikalische Prinzipien unserer Wirklichkeit zugrunde, die wir
noch nicht einmal ahnen.

A.M.: Viele Vielleichts. Ich frage mich selbst nach dieser langen Diskussion über geistige Welten noch immer, ob wir mit unserer Sichtweise des Bewusstseins, der Identität und der geistigen Welt etwas
gewonnen haben, was die Idee der Reinkarnation irgendwie wissenschaftlich plausibel machen könnte.

L.Z.: Ich denke schon. Solange man die Idee der Reinkarnation an den
Substanzbegriff bindet, scheint diese Idee völlig absurd zu sein: Wie
soll die unsterbliche seelisch-geistige Substanz das ganze Leben
über auf die materielle Substanz einwirken? Nach allem, was du mir
erzählt hast, müsste sie nicht nur in einem abgegrenzten Teil des

Gehirns in die neuronale Aktivität eingreifen, der Epiphyse nach Descartes, dem Frontalcortex nach Auffassung der Neurobiologie der Mitte des 20. Jahrhunderts. Sondern sie müsste praktisch im gesamten Gehirn permanent für die Abstimmung der neuronalen Aktivitäten untereinander sorgen, die nach den von dir dargestellten Ergebnissen doch schon recht gut aus sich selbst heraus zu verstehen ist. Man kann diese Ergebnisse der Hirnforschung durchaus mit Kants Skeptizismus in Frage stellen. Plausibel wird der Dualismus damit aber nicht. Versteht man das Seelisch-Geistige des Menschen hingegen aus seiner Relationalität heraus, dann verträgt sich diese Vorstellung wunderbar mit all dem, was du als Ergebnis der neurowissenschaftlichen Forschung dargestellt hast. Wir wissen im Ansatz bereits, wie diese Relationen realisiert sind. Wir dürfen nur nicht in die Falle laufen, diese Relationen auf die neuronale Aktivität zu reduzieren, in der sie realisiert sind. Das Gleiche gilt für die Frage der Erhaltung der Identität von einer Inkarnation zur nächsten. So lange man dies an eine von der materiellen Realität substanziell verschiedene geistige Welt bindet, trifft man auf dieselben Probleme der Vermittlung der Substanzen und der Kausalität, gerät in Widerspruch mit allem, was die Wissenschaften bis heute herausgefunden haben. Geht man hingegen im monistischen Sinne von einer einzigen Wirklichkeit aus, die uns materiell erscheint, in ihrem Wesen aber geistig ist, dann wird plausibel, dass die Erhaltung dieser Identität möglich sein könnte. Wenn wir hier angekommen sind, ist Reinkarnation immer noch ein großes Mysterium. Aber eines, das nicht geheimnisvoller ist als vieles andere, was wir selbst in den materiellen Abläufen der Lebensprozesse noch längst nicht verstanden haben. Die Frage nach der Reinkarnation beschränkt sich jetzt auf die Frage, wie unser Organismus, unser Nervensystem, unser Bewusstsein unter den vielen anderen Relationen, die sie konstituieren, auch Relationen der Identität mit der folgenden Inkarnation konstituiert – und zwar in einer diesseitig gedachten geistigen Welt.

A.M.: Und wie willst du diese Frage beantworten?

L.Z.: So wie die bisherigen auch: philosophisches und theoretisches Nachdenken. Empirisches Forschen. Offen sein für spirituelle Erfahrungen. Meditation. Kontemplation. Leben. Vielleicht ergibt sich damit eine Antwort. Bis dahin sind wir darauf angewiesen zu glauben oder unsere Haltung gegenüber der Frage der Reinkarnation an ihren lebenspraktischen Konsequenzen zu messen. Und wenn wir keine Antwort finden, dann wird es bei der Orientierung am Wert dieser Idee für unser menschliches Leben bleiben müssen.

REINKARNATION
ODER
DIE FRAGE NACH DEN KONSEQUENZEN

A.M.: Womit wir doch wieder bei Kant wären!

L.Z.: So ist es. Und zwar sowohl in der Hinsicht, dass wir wieder einmal festgestellt haben, dass wir wahrscheinlich zumindest in diesem Leben keine theoretisch überzeugende Antwort auf diese Frage finden werden, als auch in der Hinsicht, dass zumindest vorläufig die einzig mögliche Antwort eine moralische oder auch eine lebenspraktische sein kann.

A.M.: Und was war Kants[66] moralisch-lebenspraktische Antwort?

L.Z.: Dass in der Endlichkeit unseres Daseins die Unendlichkeit des sittlichen Ideals von vollkommener Tugend und vollkommener Glückseligkeit nicht erreichbar, aber für unser moralisches Handeln notwendig ist. Wir müssen also von einer „Verlängerung" unserer individuellen Existenz ausgehen, um moralisch sein zu können.

A.M.: Und das siehst du auch so?

L.Z.: Ich würde in der Reinkarnation auch einen Entwicklungsprozess sehen, vielleicht nicht unbedingt in Richtung eines benenn-

---

[66] Kant, I., Kritik der praktischen Vernunft, Stuttgart: Reclam 1995

baren Ideals. Ich denke, dass die Entwicklung des Menschen hin zu einem höheren Maß an Bewusstheit, Freiheit und Liebesfähigkeit eine lebenslange Aufgabe ist, die man durchaus im Platonischen Sinne als einen Weg hin zum Wahren, Guten und Schönen verstehen kann. Ob das für jeden Menschen so sein muss und ob diese Ideale für jeden Menschen das Gleiche repräsentieren, das sei dahingestellt. Ich denke aber in jedem Fall, dass dieser Prozess nicht mit dem Tod abgeschlossen sein kann, sondern sich über ihn hinaus fortsetzt.

A.M.: So dass du in deinem nächsten Leben eine neue Chance zur Weiterentwicklung hast?

L.Z.: Ja. Ich glaube, dass sich diese Entwicklung von Existenz zu Existenz immer weiter fortsetzt. Mit jeder Existenz entwickeln wir andere Seiten unseres Ich. Vielleicht auch andere Ideale oder andere Inhalte dieser Ideale. Ich denke sogar, dass sich diese Entwicklung auch in der Zeit zwischen Tod und Wiedergeburt fortsetzt. Und wenn es keine Wiedergeburt geben sollte, dann eben nach dem Tod. Elisabeth Kübler-Ross[67] hat den Tod einmal mit der Verpuppung einer Raupe verglichen.

A.M.: Ihr Leben über frisst die Raupe sich voll, um sich dann als Schmetterling fortpflanzen zu können.

L.Z.: Oder: In unserem Leben sammeln wir Erfahrungen, die nach unserem Tode und vielleicht in unserem neuen Leben zur Grundlage einer Verwandlung in etwas ganz anderes werden.

A.M.: Du nimmst dich ganz schön wichtig!

L.Z.: Ist das falsch? Ich denke aber, dass die Annahme einer Reinkarnation auch im Verhältnis zu anderen Menschen ein Motiv der Ehrfurcht und Hochachtung sein kann. Es macht einen Unterschied, ob ich einem Kind mit Haltung begegne: Du bist ein leeres Blatt mit ein paar genetischen Veranlagungen, das ich zu füllen bestimmt bin! Oder: Du bist eine Individualität, die vielleicht schon viele Existenzen gelebt, geliebt und gelitten und in deinem neuen Leben eine neue große Aufgabe zu erfüllen hat! Es macht einen Unterschied, ob ich

---

[67] Kübler-Ross, E., Das Rad des Lebens, München: Knaur 1997

einem altersdementen Menschen begegne mit der Einstellung: Du vegetierst noch den Rest deiner Tage dahin. Oder: Du bereitest dich auf die große Verwandlung vor! Es macht einen Unterschied, ob ich einen geistig behinderten Menschen als einen Unfall der Evolution betrachte oder als eine Wesenheit, deren Seele in dieser Inkarnation eine ganz besondere Aufgabe zu erfüllen hat, als jemand, der dementsprechend einer ganz besonderen „Seelenpflege-bedürftig" ist, wie es so schön in der anthroposophischen Heilpädagogik heißt.

A.M.: Das wäre dann aber eine sehr esoterische Betrachtungsweise des Menschen.

L.Z.: Vielleicht. Allerdings stelle ich mir manchmal die Frage, ob man die Würde des Menschen überhaupt anders begründen kann. Was bleibt denn beispielsweise einem Materialisten als Anhaltspunkt für die Menschenwürde eines ohne Großhirn geborenen Kindes?

A.M.: Die Würde des Menschen ist unantastbar. Materialismus wäre also verfassungsfeindlich? Gehst du da nicht etwas zu weit?

L.Z.: Wahrscheinlich.

A.M.: Natürlich hast du nicht unrecht mit all dem. Der Gedanke der unsterblichen Seele verleiht der menschlichen Individualität eine gewisse Bedeutsamkeit, die in all den von dir genannten Zusammenhängen durchaus wichtig ist. Umgekehrt frage ich mich aber, ob sich hier Selbstsucht und Egoismus des Menschen nicht einfach mit dem Heiligenschein der Unsterblichkeit eine angenehme Illusion aufbauen, ob der Glaube an die Reinkarnation oder ein Leben nach dem Tode einfach der Todesangst der Menschen entspringt, ihren Wünschen, ein vom Gedanken an den Tod entlastetes Leben zu führen.

L.Z.: Was ist daran so schlecht, wenn man Menschen von der Angst vor dem Tode befreit? Wobei ich auch hier das Verhältnis zu den Mitmenschen hinzufügen würde: Es hilft zweifellos auch über den Tod eines nahen Menschen hinweg, eine Fortsetzung seiner Identität anzunehmen, ja vielleicht sogar mit ihm in Kontakt zu bleiben.

A.M.: Daran ist zunächst mal nichts Schlechtes. Aber aus einem solchen Wunsch die Annahme einer Wirklichkeit abzuleiten, scheint mir einfach unwahrhaftig. Es ist so, weil es so sein soll!

L.Z.: Was ist Wahrheit? Du als Naturwissenschaftler siehst in ihr einfach ein System von Fakten, Tatsachen. Ich sehe darin den Sinn von Sein, von Existenz, von Leben. Du meinst, dass Sinn ein menschliches Konstrukt ist, das einer von blindem Zufall oder auch blinder Notwendigkeit bestimmten Welt gegenübersteht. Ich bin überzeugt, dass unsere Welt zutiefst sinnvoll ist, dass alles einen tiefen Sinn hat. Ich teile zutiefst die Auffassungen von Meister Eckhart, Giordano Bruno, Spinoza, Goethe, Schelling oder Hegel, dass im Menschen etwas Göttliches lebt, das seinerseits auch das Wesen aller Dinge, ja des Universums als Ganzem ist. Dass der Mensch, jeder Mensch seinen Sinn in diesem göttlichen Zusammenhang hat. Dass in ihm Gott zur Offenbarung kommen soll. Und dass dafür mehr als ein Leben erforderlich ist.

A.M.: Ich muss ja zugeben, dass diese mystisch-pantheistische Religiosität auch mich beeindruckt. Lässt aber nicht gerade diese Religiosität eine Antwort auf deine lebenspraktische Fragestellung zu, die die zweifelhafte Voraussetzung der Unsterblichkeit oder gar Reinkarnation überhaupt nicht nötig hat?

L.Z.: Wieso?

A.M.: Nimm die Auffassung von Spinoza. Ein einzelner Mensch wäre dann eine Erscheinungsform dieser unendlichen göttlichen Substanz. Sein Körper wäre dann ein Partikel Gottes. Seine Seele ein Gedanke Gottes. Er ist das Ergebnis unzählig vieler anderer Gedanken Gottes in anderen Menschen, ihrer Wahrnehmungen, Gefühle, Entschlüsse, die in ihren Handlungen, den Worten ihrer Sprache, ihren Gefühlsäußerungen zum Ausdruck kommen. Diese Äußerungen werden von diesem individuellen Menschen wahrgenommen, gehört, gelesen, empfunden, genossen, erlitten, gehasst, geliebt, erlebt, beeinflussen sein Leben, seine Entwicklung, bewirken in ihm neue Wahrnehmungen, Gedanken, Gefühle. Und so wie unser Seelenleben das Ergebnis der Auseinandersetzung unserer Seele mit dem Seelenleben anderer Menschen ist, so werden auch die Gedanken, Gefühle und Entschlüsse unserer Seele mit ihren Handlungen, Worten, Gefühlsäußerungen zur Grundlage der Entwicklung des Seelenlebens unserer Mitmenschen, künftiger Generationen. Nicht unser Ich reinkarniert sich, sondern jeder Gedanke, jedes Gefühl, das wir anderen Menschen mitteilen, reinkarniert sich. Vielleicht sogar jeder Gedanke, jedes Gefühl, das sich in irgendeiner Weise der Natur um uns herum, Tieren, Pflanzen, Steinen mitteilt – so wie sich uns die materielle Seite Gottes oder die in ihr realisierte Relationalität vielleicht gerade über die Schönheit der Natur vermittelt. Jeder von uns ist ein Gedanke Gottes, der das Ergebnis anderer Gedanken Gottes in den vor uns lebenden Menschen ist und zum Ursprung künftiger Gedanken Gottes in anderen Menschen wird. Wir entwickeln uns nicht individuell von Reinkarnation zu Reinkarnation. Gott entwickelt sich in uns. Macht das nicht Sinn? Ist das nicht weit würdevoller als dieses kleinlich-egoistische „Ich will nicht sterben?".

L.Z.: Ich glaube, dass deine Gedanken Spinoza durchaus entsprechen würden und dass man diese Gedanken sogar mit Hegel[68] weiter denken kann.

A.M.: Genau. Du sagtest ja schon, dass der Menschheit in Hegels Philosophie die Aufgabe zukommt, Gott sich seiner selbst bewusst werden zu lassen.

L.Z.: Sich seiner selbst und seiner Freiheit.

A.M.: Wieso Freiheit?

L.T.: Gott ist als Daseinsgrund der Welt „Freiheit" in ihrem ursprünglichsten Sinne, denn man kann sich keine höhere Freiheit vorstellen, als eine Welt aus dem Nichts zu schaffen. Doch ist er diese Freiheit zunächst nur in abstrakter Form, nur „an sich", nicht aber im Bewusstsein seiner selbst. Vor der Schöpfung der Welt ist er der Möglichkeit nach frei, hat aber seine Freiheit noch nicht realisiert. Nach der Schöpfung der Welt hat er seine Freiheit realisiert, ist sich aber seiner selbst nicht mehr bewusst. Alle Weltgeschichte läuft nun nach Hegels Auffassung darauf hinaus, dass Gott aus diesem Sta-

---

[68] Hegel, G.W.F., Sämtliche Werke, Ed. Glockner, Stuttgart 1932ff

dium der Selbstentfremdung wieder zum Bewusstsein seiner selbst gelangen kann. Und eben dies geschieht im erkennenden Menschen, der menschlichen Gesellschaft, in Kunst, Religion, Philosophie. Gott wird sich seiner selbst bewusst, indem sich der Mensch Gottes in Natur und Gesellschaft bewusst wird. Gott wird sich seiner Freiheit bewusst, indem Menschen sich, ihre Gesellschaft, ihren Geist zur Freiheit hin entwickeln und sich ihrer Freiheit bewusst werden. Im Prozess der Schöpfung ist Gott nur in einem abstrakten Sinne Freiheit. In der Menschheit gelangt er zu konkreter, wirklicher Freiheit. Auch so wäre die Seele eines jeden Menschen ein Schritt hin zum Bewusstsein der Welt, zur Bewusstwerdung von Freiheit, zum Selbstbewusstsein Gottes, der, ganz wie du es sagst, Ursprung weiterer Schritte in dieser Entwicklung durch andere Menschen, durch die künftige Menschheit wird.

A.M.: Und so gewinnt das Leben jedes Menschen seinen Sinn ganz ohne die Annahme einer individuellen Reinkarnation.

L.Z.: Durchaus. Zwar ist für Hegel die Geschichte wesentlich eine Geschichte des objektiven Geistes, von Staat, Recht, Sittlichkeit, von Kunst, Religion, Philosophie, die das Individuelle aufhebt im Sinne von „überwinden". Doch ist der subjektive Geist, die Seele des einzelnen Menschen in diesem sich entwickelnden objektiven Geist auch aufgehoben im Sinne von „aufbewahrt" und „auf eine höhere Stufe" gehoben.

CHRISTUS IN UNS
ODER
DIE IN FREIHEIT GEBORENE LIEBE

A.M.: Die Seele des einzelnen Menschen ist also aufbewahrt in dem sich selbst bewusst werdenden Geist Gottes. Ist das nicht eine schöne Alternative zur Reinkarnation?

L.Z.: Vielleicht. Aber mir liegt eben doch die Auffassung Steiners in diesem Zusammenhang näher.

A.M.: Und was würde Steiner dazu sagen?

L.Z.: Zunächst steht er Hegel eigentlich ganz nahe. Gerade in seinem Verständnis von Christus findet man Hegels Spiritualität wieder. 1902 formuliert er das in seinem Buch „Das Christentum als mystische Tatsache" [69]: „Wo ist Gott? Das war die Frage, die dem Mysten sich vor die Seele stellte. Gott ist nicht, aber die Natur ist. In der Natur muss er gefunden werden. In ihr hat er sein Zaubergrab gefunden. In einem höheren Sinne fasst der Myste die Worte: Gott ist die Liebe. Denn Gott hat diese Liebe bis zum äußersten gebracht. Er hat sich selbst in unendlicher Liebe hingegeben; er hat sich ausgegossen; er hat sich in die Mannigfaltigkeit der Naturdinge zerstückelt; sie leben und er lebt nicht in ihnen. Er ruht in ihnen. Er lebt im Menschen. Und der Mensch kann das Leben Gottes in sich erfahren. Soll er ihn zur Erkenntnis kommen lassen, muss er diese Erkenntnis schaffend erlösen. – Der Mensch blickt nun in sich. Als verborgene Schöpferkraft, noch Dasein-los, wirkt das Göttliche in seiner Seele. In dieser Seele ist eine Stätte, in der das verzauberte Göttliche wieder aufleben kann. Die Seele ist die Mutter, die das Göttliche aus der Natur empfangen kann. Lasse die Seele von der Natur sich befruchten, so wird sie ein Göttliches gebären. Aus der Ehe der Seele mit der Natur wird es geboren. Das ist nun kein ‚verborgenes' Göttliches mehr, das ist ein offenbares. Es hat Leben, wahrnehmbares Leben, das unter den Menschen wandelt. Es ist der entzauberte Geist im Menschen, der Spross des verzauberten Göttlichen. Der große Gott, der war, ist und sein wird, der ist er wohl nicht; aber er kann doch in gewissem Sinne als dessen Offenbarung genommen werden. Der Vater bleibt ruhig im Verborgenen; dem Menschen ist der Sohn aus der eigenen Seele geboren." Das, was in den alten Mysterienschulen Geheimlehre Weniger war,

---

[69] Steiner, R., Das Christentum als mystische Tatsache und die Mysterien des Altertums, Stuttgart: Verlag Freies Geistesleben 1961

wird mit dem Ereignis von Golgatha Offenbarung für die gesamte Menschheit. Der Sohn kann für jeden, der die christliche Offenbarung in sich belebt zum „Christus in uns" werden. „Der alte Eingeweihte erlebte in der geistigen Welt, wie die Entwicklung auf den noch ‚verborgenen Christus' hinweist; der christliche Eingeweihte erfährt die verborgenen Wirkungen des ‚offenbaren Christus'."

A.M.: Das scheint ja auch dem sehr ähnlich, was Meister Eckhart in der Predigt sagte, von der du mir erzählt hast.

L.Z.: Stimmt. Menschen wie ihn meint er, wenn er von den „Mysten" spricht.

A.M.: Und was machen die Nicht-Christen?

L.Z.: Ich denke, dass du für „Christus in uns" auch die Offenbarung Gottes in uns oder sogar die Offenbarung der Natur in uns setzen kannst – und du gelangst zu einem Sinn dieses Ausdrucks, der ihn auch für Nicht-Christen akzeptabel machen kann.

A.M.: Die Parallele zwischen Hegel und Steiner ist wirklich eindrücklich.

L.Z.: Nur mit dem Unterschied, dass bei Steiner wieder die Individualität betont wird. Christus realisiert sich nicht in der Menschheit, sondern im einzelnen Menschen. Oder er realisiert sich in der Menschheit, indem er sich im einzelnen Menschen realisiert. Und schon findest du den Sinn von Reinkarnation als Möglichkeit jedes einzelnen Menschen, diesen Christus in sich zu gebären, indem er sich von Inkarnation zu Inkarnation dieser Offenbarung Gottes in sich nähert. Oder indem er sich im Sinne Hegels zur Freiheit und zum Bewusstsein dieser Freiheit entwickelt.

A.M.: Mir fehlt da aber etwas! Ich höre immer nur „Freiheit" oder „Offenbarung". Gibt es denn nichts Wichtigeres für das Christentum? Ist es denn nicht die Botschaft der Liebe, die der „offenbare Christus" in die Welt bringt? Ist der „Christus in uns", von dem Steiner spricht, nicht vor allem diese Liebe?

L.Z.: Darüber habe ich auch schon nachgedacht. In diese Richtung geht etwa Mitte des 20. Jahrhunderts der französische Jesuit Pierre

Teilhard de Chardin mit seinem Denken.[70] Ganz im Sinne Hegels
sieht er in der Entwicklung des Universums einen Prozess der zunehmenden Verinnerlichung, Vergeistigung und schließlich Bewusstwerdung der Materie. Sie ist ganz offensichtlich abgelegt in der Evolution
der Organismen zu immer komplexeren Lebensformen mit nicht
zuletzt immer komplexeren Nervensystemen, deren Spiel von zufäl-
liger Variabilität und gesetzmäßiger Selektion schließlich notwendig
von der kulturellen und sozialen Entwicklung des Menschen abgelöst
wird, in der an die Stelle des Zufalls die bewusste Selbstentwicklung
der Menschheit hin zu dem „Punkt Omega" tritt – so die Bezeichnung Teilhards – , der bewussten Vereinigung des Menschen mit
dem Göttlichen. Sie nimmt ihren Anfang aber schon in den Wech-
selwirkungen von Elementarteilchen, Atomen und Molekülen seit
der Entstehung unseres Universums. Wie schon im Mittelalter steht
das Werk des Katholiken Teilhard de Chardin letztendlich in einer
kaum zu bewältigenden Spannung zwischen den pantheistischen
Momenten seines Ansatzes und seiner Orientierung an einem theistisch verstandenen Gott, die ihm von Seiten der Kirche ebenso den
Vorwurf der Häresie einhandelte wie von Seiten der Wissenschaften
jenen der Metaphysik. Umgekehrt erlaubt seine Orientierung an
der Liebe als dem höchsten Gut des Christentums aber vielleicht
auch eine Relativierung des so ausschließlich am Begriff der Freiheit
orientierten Entwicklungskonzeptes Hegels. Die „Energie der Liebe"
ist es seiner Auffassung nach, die die Weltentwicklung auf den Punkt
Omega hinbewegt, die überall dort ihren Anfang nimmt, wo sich
Einfaches zum Komplexerem vereint, die Triebfeder des Lebens überhaupt ist, die im Menschen ihre eigentliche, bewusste Form findet
und die in der „universalen Liebe" im Angesicht des sich im Punkt
Omega personifizierenden Universums ihre Vollendung findet.

A.M.: Könnten wir also nicht das, was Hegel für das Bewusst- und damit Wirklichwerden der Freiheit, was Steiner für die Offenbarung

---

[70] Teilhard de Chardin, P., Der Mensch im Kosmos, München: Beck 1959

Gottes entwirft, auch auf die Liebe beziehen? Gott hat sich in unendlicher Liebe hingegeben, er hat sich ausgegossen in die Mannigfaltigkeit der Naturdinge. Die Naturdinge leben, die Liebe Gottes ruht
in ihnen, bewusstlos, sich selbst entfremdet, unwirklich. Doch jene
ruhende Liebe Gottes in der Natur befruchtet die Seele des Menschen, offenbart sich in ihm, bringt sie in ihm zu Bewusstsein. Die
Liebe des Vaters bleibt ruhig im Verborgenen; dem Menschen ist die
Liebe des Sohnes aus der eigenen Seele geboren.

L.Z.: Was mit der Freiheit als Sinn menschlicher Existenz im Sinne
  Hegels oder der Offenbarung Gottes als höchster Wahrheit im Sinne
  Steiners ja auch nicht in Widerspruch stehen muss. Wirkliche Liebe
  ist nur in Freiheit möglich; wirkliche Freiheit nur in Liebe. Diese Liebe
  in Freiheit hat die Kraft wirklicher Erkenntnis in sich, indem sie das
  Geliebte „sein lassen" kann, indem sie es weder nach dem eigenen
  egoistischen Interesse zu beherrschen sucht, noch in interesseloser
  Gleichgültigkeit belässt. Nur das in Freiheit Geliebte kann in uns in
  seiner Wahrheit aufscheinen. Und nur in der Liebe zu der Totalität
  alles Seienden können wir auch Offenheit gegenüber dem göttlichen
  Wesen des Universums gewinnen. Die in Freiheit liebende Seele ist „die
  Stätte, in der das verzauberte Göttliche wieder aufleben kann" – nicht
  als der „große Gott, der war, ist und sein wird", wie Steiner betont,
  wohl aber „als dessen Offenbarung", also nicht als der Vater, wohl aber
  als der Sohn. „Christus in uns" wäre dann jene in Freiheit und Liebe
  geborene Offenbarung Gottes. Was es in diesem Sinne bedeutet, „den
  Christus in uns" zu gebären, könnte man auch ganz a-religiös formulieren, so, dass es weit über die christliche Kultur hinausgeht und
  Buddhisten wie Moslems, Hindus wie Juden, Atheisten und Gläubige
  jeder Religion umgreift: jene in Freiheit gegründete Liebe zu leben, in
  der sich der göttliche Urgrund unseres Universums offenbart. Und
  Sinn unseres Lebens wäre es dann, in jeder neuen Inkarnation diese in
  Freiheit gegründete Liebe ein Stück weiter zu beleben.

A.M.: Und warum sollte dies nicht im Sinne Spinozas oder Hegels
  geschehen: Gott ist zunächst diese in der Natur ruhende, in Freiheit

geborene Liebe. In der Menschheit kommt diese in Freiheit geborene Liebe zur Offenbarung, indem sich jeder individuelle Mensch in
seinem Leben in diese Richtung zu entwickeln sucht. Eine Entwicklung, die ihren Ursprung im Leben anderer Menschen hat, die vor
ihm und mit ihm leben und die ihrerseits wieder Einfluss hat auf die
Entwicklung der Menschen, die mit ihm und nach ihm leben. Die
Seele des einzelnen Menschen braucht sich nicht zu reinkarnieren,
denn sie ist aufbewahrt in der Entwicklung des sich seiner in Freiheit geborenen Liebe bewusst werdenden Geistes Gottes?

L.Z.: Gehört nicht aber zu jener Freiheit auch die Freiheit gegenüber
dem Tod? Die Befreiung von den Ängsten, die mit ihm verbunden
sind?

A.M.: Gehört nicht aber zu jener Liebe die Fähigkeit, sich selbst ganz
auf- und hinzugeben an diesen sich selbst bewusst werdenden Geist
Gottes in allen Menschen, in Natur und Kultur? Eine Mutter wird
ohne zu zögern ihr Leben für ihr Kind geben – weil sie es liebt. Wenn
der Mensch wirklich diese universelle Liebe zu einem göttlichen
Universum in sich beleben kann, dann wird ihm die Unendlichkeit
des Universums wichtiger sein als sein Weiterleben. Dann wird er mit
Worten wie jenen von Giordano Bruno in den Tod gehen.

L.Z.: „Von himmlischen Höhen winkt dir die Heimat entgegen, denn
wenn ein Gott dich berührt, loderst in Flammen du auf!"

POLARITÄT UND STEIGERUNG
ODER
DIE LETZTE ANTWORT

A.M.: Es sieht auf jeden Fall so aus, als ob wir uns ebensowenig über
die moralische Seite wie über die theoretische Seite der Frage nach
der Reinkarnation einigen könnten. Frustrierend, oder?

L.Z.: Das denke ich nicht. Die Unentschiedenheit der theoretischen wie der praktischen Frage sollte uns offen machen für das, was uns noch begegnen mag. Seien es spirituelle Erfahrungen in unserem Leben oder eben auch nach unserem Leben. Vielleicht begegnen wir noch einer geistigen Welt, die „geistige Basis" unseres Seelenlebens zwischen unserem Tode und einer neuen Geburt sein könnte. Vielleicht finden wir in unserem Leben Spuren eines vergangenen Lebens. Und schlussendlich: Wenn es Reinkarnation oder ein Leben nach dem Tode gibt, werden wir es ja vielleicht nach unserem Tode wissen.

A.M.: Diese Haltung finde ich nicht schlecht. Sie ist ja schon fast empirisch.

L.Z.: Ich glaube, dass dieses Gespanntsein darauf, ob da noch etwas kommt nach unserem Tod, eine gute Art ist, auf den Tod zuzugehen. Wie Hermann Hesse sagt: „Es wird vielleicht auch noch die Todesstunde uns neuen Räumen jung entgegen senden ... " [71]

A.M.: ... auch wenn ich finde, dass wir in unserer Meinungsverschiedenheit da sehr ungleiche Karten haben: Wenn du Recht hast, werden wir es vielleicht nach unserem Tode wissen. Wenn ich Recht habe nicht.

L.Z.: Tja, du kannst nicht gewinnen und ich nicht verlieren!

A.M.: Falsch!

L.Z.: Ach, ich vergaß: Das ist ja ein Selbstgespräch.

A.M.: Insgesamt habe ich aber im Verlaufe unseres Gespräches immer wieder den Eindruck gehabt, dass die Wahrheit irgendwo zwischen deinen und meinen Auffassungen liegt.

L.Z.: Oder über deinen und meinen.

A.M.: Was soll das heißen?

L.Z.: Zwei gegensätzliche Meinungen können ihren Ausgleich in einer Art Mitte oder Durchschnitt finden, sie können sich aber auch als Teilaspekte einer höheren Wahrheit erweisen, die aus ihrer Vereinigung entspringt. In der Dialektik ist dies die Synthese von These und Antithese, bei Hegel die Aufhebung der Widersprüche oder

---

[71] Hesse, H., Piktors Verwandlungen. Mit ausgewählten Gedichten. Frankfurt a.M.: Insel 1975

die doppelte Negation, die aus Affirmation und einfacher Negation hervorgeht; bei Goethe ist es die Steigerung der Polaritäten.

A.M.: So könnte der Funktionalismus die Steigerung der Polarität von Monismus und Dualismus sein?

L.Z.: Oder die Freiheit im Bewusstsein von den Ursachen und Folgen der eigenen Handlungen und Entscheidungen die Steigerung der Polarität von neuronalem Determinismus und einem Verständnis von Freiheit als Unabhängigkeit von jeder Verursachung.

A.M.: Oder vielleicht sogar die Aufhebung des Individuums in der Bewusstwerdung Gottes die Steigerung der Polarität von persönlicher Unsterblichkeit und Vergänglichkeit!

L.Z.: Vielleicht. So wie für Steiner viele deiner Auffassungen in ihrer Vereinseitigung geradezu zu dem einen Inbegriff des Bösen werden können und viele der meinen in ihrer Vereinseitigung zu dem anderen. Nur die Steigerung dieser Polaritäten kann uns zu so etwas wie dem „Christus in uns" führen.

A.M.: Und welche sind diese beiden Inbegriffe des Bösen, von denen Steiner sprach?

L.Z.: Ahriman und Luzifer.

A.M.: A.M. und L.Z.?

L.Z.: A.M. und L.Z.!

A.M. und L.Z.!?

A.Z.

AXEL ZIEMKE

geboren 1960 in Karl-Marx-Stadt (Chemnitz), studierte
Biochemie und promovierte zum Dr. phil. mit einer Arbeit
über Hegel im Kontext der modernen Systemtheorie.
Er war Postdoktorand am Graduiertenkolleg „Kognition,
Gehirn, Neuronale Netze" der Ruhr-Universität in Bo-
chum und Mitarbeiter des Instituts für interdisziplinäre
Forschung in Österreich. Zahlreiche Veröffentlichungen in
Fach- und Publikumszeitschriften. Axel Ziemke ist heute
Lehrer für Biologie, Chemie, Philosophie und Schauspiel an
einer Rudolf-Steiner-Schule